Karl Schemann

Die Synonyma im Beówulfsliede

mit Rücksicht auf Composition und Poetik des Gedichtes

Karl Schemann

Die Synonyma im Beówulfsliede
mit Rücksicht auf Composition und Poetik des Gedichtes

ISBN/EAN: 9783337413712

Hergestellt in Europa, USA, Kanada, Australien, Japan

Cover: Foto ©Thomas Meinert / pixelio.de

Weitere Bücher finden Sie auf **www.hansebooks.com**

Die

Synonyma

im

Beówulfsliede

mit Rücksicht auf

Composition und Poetik des Gedichtes.

Inaugural-Dissertation

zur Erlangung der philosophischen Doctorwürde

an der

Königlichen Akademie zu Münster i. W.

von

Karl Schemann

aus Hagen I. W.

Hagen 1882,

Druck von Gustav Butz.

Inhalt.

Einleitende Bemerkungen.

Eine Zusammenstellung und Besprechung der Synonyma im Beówulfsliede, wie sie in dieser Arbeit gegeben werden soll, hat mehrfache Wichtigkeit. Namentlich aber kann sie für zwei Punkte Kriterien abgeben, nämlich

A) für die Composition des Gedichtes, d. h. für die Entscheidung der Frage, ob ein oder mehrere Dichter an der Abfassung desselben, so wie es jetzt vorliegt, thätig gewesen seien,

B) für die Poetik des Dichters, beziehungsweise der Dichter.

Ehe wir nun dazu übergehen, die Art und Weise zu betrachten, in welcher dieses geschehen kann, vergegenwärtigen wir uns zunächst die beiden sich schroff gegenüberstehenden Hypothesen, welche in Betreff der Composition des Beówulfsliedes einerseits von Müllenhoff, andererseits von Hornburg aufgestellt worden sind.

Nach Müllenhoff (Die innere Geschichte des Beówulf. Haupt's Zeitschrift für deutsches Altertum, Neue Folge, Bd. II, S. 193—244) zerfällt das Gedicht in folgende fünf Abschnitte:

I. V. 1—193. Einleitung.

II. V. 194—837 (nach Müllenhoff's Zählung 836). Erstes altes Lied: Beówulfs Kampf mit Grendel.

III. V. 838—1629 (nach Müllenhoff 837—1628). Erste Fortsetzung des ersten Liedes: Beówulfs Kampf mit Grendels Mutter.

IV. V. 1630—2200 (nach Müllenhoff 1629—2199). Zweite Fortsetzung des ersten Liedes: Beówulfs Heimkehr.

V. 2201—3184 (nach Müllenhoff 2200—3183). Zweites altes Lied: Beówulfs Kampf mit dem Drachen und Tod.*)

---

*) Im Verlaufe meiner Arbeit ist der Zweckmässigkeit wegen die erste Fortsetzung als II. Lied, die zweite Fortsetzung als III. Lied (so verschiedentlich im zweiten Teile, im ersten Teile dagegen als A, nach seinem Verfasser, siehe Seite 3) und das zweite alte Lied demnach als IV. Lied bezeichnet worden.

1

Nr. II und V seien, meint Müllenhoff, gleich alt, aber von
verschiedenen Verfassern. Das erste Lied habe, wahrscheinlich
von zwei verschiedenen Händen, zuerst eine Fortsetzung (Nr. III),
sodann die Einleitung erhalten. Ein weiterer Verfasser, den
Müllenhoff mit A bezeichnet, habe Nr. IV geschaffen, zugleich
aber, um seine Fortsetzung anzuknüpfen, II, namentlich aber III
an verschiedenen Stellen interpoliert. Endlich sei von anderer
Hand auch das zweite alte Lied mit dem Uebrigen verbunden
und dabei das Ganze durch beträchtliche Zusätze erweitert
worden, welche teils Episoden, die anderen Sagenkreisen ent-
nommen worden seien, enthielten, teils theologisierenden oder
moralisierenden Inhaltes wären. — Es sind mithin nach Müllenhoff an dem Beówulfsliede in der Gestalt, in welcher es uns
heute vorliegt, nicht weniger, als sechs Verfasser thätig gewesen.

Entschiedenen Widerspruch fand Müllenhoff's Hypothese in der Abhandlung von Dr. Hornburg: Die Composition
des Beówulf. Programm des Kaiserlichen Lyceums zu Metz vom
Jahre 1877. Hornburg kommt in seiner Untersuchung zu
dem Schlusse, dass die Anwendung der Liedertheorie auf den
Beówulf abgewiesen werden müsse, dass sich dieses Gedicht
vielmehr als die einheitliche Arbeit eines Verfassers darstelle
und nur in seinem letzten Teile (von Vers 1941 ab), der von
zweiter Hand geschrieben ist, einige Interpolationen aufweise,
welche wahrscheinlich dem Copisten angehören.

Müllenhoff's und Hornburg's Untersuchungen stützen
sich namentlich auf sachliche Gründe. Die sprachlichen
werden von Beiden nur gelegentlich, von Hornburg allerdings
mehr, als von Müllenhoff, berücksichtigt. Eine Untersuchung
des Beówulfsliedes in sprachlicher Beziehung wird demnach
entweder neue Resultate ergeben oder die eine oder andere
der beiden Ansichten bestärken können Ich unternehme es
nun, einen Teil dieser Aufgabe zu bearbeiten, indem ich nach-
zuweisen suche, ob sich im Wortgebrauche bei den einzelnen von Müllenhoff angenommenen Verfassern bedeutende
Unterschiede finden oder nicht. Meiner Arbeit legte ich die
Ausgabe des Beówulf von Heyne, IV. Auflage, Paderborn
1879, zu Grunde; an einigen zweifelhaften Stellen zog ich
Wülcker's diplomatischen Abdruck der Beówulf-Handschrift
(in: Bibliothek der angelsächsischen Poesie. Begründet von

Grein. Neu herausgegeben von Wülcker, I. Band, 1 Hälfte, Kassel 1881) zu Rate.*) In Bezug auf Orthographie folge ich Heyne.

Ich bezeichne nun die einzelnen Teile, beziehungsweise interpolierten Einschiebsel, aus denen nach Müllenhoff das Beówulfslied besteht, folgendermassen:

Die Einleitung . . . . mit E,
das I. Lied . . . . „ I,
das II. Lied (erste Fortsetzung) . . . . „ II,
das III. Lied (zweite Fortsetzung) und die von dem
  Verfasser desselben (A), herrührenden Interpolationen des I. und II. Liedes . . . „ A,
das IV. Lied (zweites altes Lied) . . . „ IV,
die dem Interpolator B zugehörigen Verse . . „ B.

In dem ersten Teile meiner Arbeit gebe ich eine Sammlung von Synonymis, mit möglichst genauer Bezeichnung der Belegstellen für das ganze Gedicht. Ein † bezeichnet Worte und Zusammensetzungen, die sich nur einmal im Beówulfsliede vorfinden; die mit * bezeichneten Worte sind (nach Grein's Glossar) ἅπαξ λεγόμενα im Angelsächsischen überhaupt.

Folgendes sind die Grundsätze, welche mich bei der Besprechung der Synonyma, dem zweiten Teile meiner Arbeit, leiten werden. Es sind diese z. T. dieselben, welche auch für Hornburg im II. Teil seiner Abhandlung unter 2, b α massgebend waren.

I. Man kann mit Recht annehmen, dass ein und derselbe Verfasser in der Anwendung von Worten und Ausdrücken eine gewisse — natürlich nicht zu eng begrenzte — Gleichförmigkeit beobachtet. Verschiedene Verfasser werden auch verschieden in ihrem Sprachgebrauche sein. Ist nun letzteres bei den einzelnen von Müllenhoff angenommenen Verfassern in besonderem Masse der Fall, so findet die Hypothese jenes Gelehrten Bestätigung. Ist dieses nicht der Fall, so wird hierdurch Hornburg's Ansicht, dass das Beówulfslied einem Verfasser zuzuschreiben sei, gestützt.

---

*) Den diplomatischen Abdruck der Handschrift, welcher von Holder, Freiburg i./B., 1881, besorgt worden ist, habe ich nicht benutzt, weil er für meine Arbeit nicht erforderlich war.

1*

II. Selbstverständlich kann nun nicht verlangt werden, dass alle in Betracht kommenden Worte auch bei allen Verfassern sich vorfinden müssen. Wenn sich einzelne Worte bei dem Einen mehr, bei dem Anderen weniger häufig oder auch gar nicht vorfinden, so braucht dieses nicht allein in der Eigentümlichkeit der Verfasser zu liegen, sondern kann auch einen anderen Grund haben, z. B. durch den Inhalt des betreffenden Teiles, durch Rücksicht auf die Alliteration bedingt, endlich auch wol blosser Zufall sein.

III. Besonderes Gewicht ist auf diejenigen Worte zu legen, welche sich nur bei einem Verfasser vorfinden, da sich in ihnen die Eigentümlichkeit des betr. Verfassers besonders scharf ausprägen kann.

IV. Da nun aber, wie sich aus dem Folgenden ergeben wird, dem angelsächsischen Dichter eine Fülle von synonymen Worten und Ausdrücken zu Gebote steht, so sind ἅπαξ λεγόμενα dann nicht zu berücksichtigen, wenn ihnen ein synonymes Wort entspricht,

z. B. scyld-freca II 1034,
Syn.: rand-wiga A 1794,
beado-leóma II 1524,
Syn.: hilde-leóma B 1144.

V. Auszuscheiden sind ferner solche nur bei einem Verfasser sich vorfindende Worte, welche durch den Inhalt der betreffenden Stelle bedingt werden,

z. B. scealc (Epitheton Beówulfs) A 940,
(siehe Bemerkungen dazu.)
dǽda démend (Bezeichnung Gottes) B 181.

Wichtig ist eine Sammlung von Synonymis auch für die Kenntnis der Poetik des Beówulfsliedes. Der ungemeine Reichtum und die Häufung synonymer Worte und Wendungen bilden das wesentlichste Mittel, dessen sich angelsächsische Dichter bedienen, um Wirkung zu erzielen und die Dinge anschaulich zu machen. Feinere Kunstmittel, namentlich Gleichnisse, trifft man bei ihnen höchst selten.

Ich werde in den ersten Kapiteln meiner Arbeit das Schwergewicht auf die Bemerkungen zur Composition legen und die Poetik nur gelegentlich dabei berühren. In den letzten

Kapiteln aber wird die Rücksicht auf die Composition in den Hintergrund treten (was meiner Ansicht nach mit Fug und Recht geschehen kann), dagegen werde ich desto mehr bei der Poetik verweilen, da man gerade bei den hierher gehörigen Worten am ehesten Gelegenheit hat, den ungemeinen Wortreichtum der angelsächsischen Sprache und die Kunst, mit welcher dieser von dem Verfasser oder den Verfassern des Beówulfsliedes ausgebeutet wird, zu bewundern.

Erster Teil.

Zusammenstellung synonymer Worte.

I.

Ueberirdische Wesen.

I. Gott.

1) *god* (Gott)*) E 72. I 227. 686. 712. II 1398. 1627. A 931;
  1659. 1998. IV 2859. 2875. B 13. 113; 381. 478.
  570. 702; 1057. 1272. 1554; 1717. 1726. 1752·
  2183; 2651. 3055.
  E p i t h e t a : *hâlig* (heilig) B 381. 1554.
     witig (weise) I 686. B 1057.
     mihtig (mächtig) B 702. 1717. 1726.

2) *dryhten* (Kriegsherr; Herr der Heerscharen) I 687. 697.
  II 1399. A 941. 1780. 1842. IV 2797. B 108. 187.
  441. 1555. 1693. 2331.
  E p i t h . : *éce* (ewig) A 1780. IV 2797. B 108. 1693. 2331.
     witig (weise) A 1842. B 1555.
     hâlig (heilig) I 687.
     mihtig (mächtig) II 1399.
  dryhten-god (Herr und Gott) B 181.

3) *metod* (der Messende, Ordnende) I 671. II 968. 980. A 1612.
  1779. IV 2528. B 110. 169. 180; 707; 1058.
  E p i t h . : *scír* (glänzend, leuchtend) II 980.
     sôð (wahrhaft) A 1612.
  eald-metod (der von Alters her regierende Gott) A 946.

---

*) Die Bedeutungen nach
  L e o : Angelsächsisches Glossar, Halle 1877.
  H e y n e : Glossar zum Beówulf.
  G r e i n : Sprachschatz der angelsächsischen Dichter. Bd. 3 und 4
   der „Bibliothek der angelsächsischen Poesie." Göttingen
   und Cassel. Bd. 3. 1861. Bd. 4. 1864.

4) *waldend* (der Waltende) IV 2858. 3110. B 1694. 2293. 2330.

wuldres waldend (Walter der Herrlichkeit) B 17. 183.
1753.

ylda waldend (Walter der Menschen) A 1662.

waldend fira (Walter der Menschen) IV 2742.

sigora waldend (Walter der Siege) IV 2876.

5) *freá* (Herr) E 27.

†*líf-frea* (Herr des Lebens) B 16.

freá ealles (Herr über Alles) IV 2795.

6) *fäder* (Vater) I 316. A 1610. B. 188.

Epith.: *alwalda* (der allwaltende) I 316.

7) †*scyppend* (der Schaffende) B 106.

8) *alwalda* (der Alles regierende) II 1815. A 929. 956.

†*anwalda* (= *alwalda*) B 1273.

9) †*se älmihtiga* (der Allmächtige) B 92.

Epith.: *sige-hréðig* (siegberühmt) B 94.

10) *kyninga wuldor* (der Könige Herrlichkeit, d. h. herrlichster
der Könige) B 666.

11) †*wuldur-cyning* (König der Glorie) IV 2796.

12) *wuldres hyrde* (Inhaber der Herrlichkeit) A 932.

13) *sigora* † *sóð-cyning* (wahrer König der Siege) B 3056.

14) *heofena helm* (Schützer der Himmel) B 182.

15) *rodera ræedend* (Walter der Himmel) B 1556.

16) *manna* † *gehyld* (Schutz der Menschen) B 3057.

17) †*ágend* (Eigentümer) B 3076.

18) *dæda* † *démend* (Richter der Thaten) B 181.

II. Grendel.

1) *godes andsaca* (Gottes Widersacher) I 787. A 1683.

2) *gást* (Geist) B 133.

Epith.: *werig* (verflucht) *ib.*

helle gást (Höllengeist) B 1275.

*se ellen-gæst (Kraftgeist) E 86.

(*se*) *ellor-gást* (*ellor-gæst*) (der anderswo lebende Geist)
II 1350 (auch von Grendels Mutter). B 808.

wäl-gæst (todbringender Geist) A 1996.

*geósceaft-gást (nach Leo: Zukunftsgeist; nach Heyne:
vom Geschicke gesandter Dämon) B 1267 (von Grendel
und seinem Geschlechte).

3) *se grimma gäst* (der grimme Gast) E 102.

    gäst A 2074.

    Epith.: *yrre* (zornig, wild) ib.

4) *feónd* (Feind) E 143. I 279. 726. 749. II 963. 971. 985.

    B 439. 1274.

    Epith.: *fyl-wérig* (zum Falle matt) II 963.

        yrre-môd (zornigen Sinnes) I 727.

    feónd on helle (Feind in der Hölle) B 101.

    feónd man-cynnes (Feind des Menschengeschlechtes) B 164.
    1277.

5) *sceaða* (Schädiger, Räuber) I 274.

    °dol-scaða (verwegener Feind) B 479.

    °hearm-scaða (Schaden verübender Feind) I 767.

    †*leód-sceaða* (Volksschädiger) A 2094.

    se mân-scaða (frevelnder Feind) I 713. 738.

    syn-scaða (unversöhnlicher Feind) B 708. 802.

6) *mearc-stapa* (der Markenstapfer, der Grenzbegeher) E 103.

    II 1349 (von Grendel und dessen Mutter).

    Epith.: *mære* (berüchtigt) E 103.

        micel (gewaltig) II 1349.

7) *án-geng[e]a* (der allein gehende) B 165. 449.

    Epith.: *atol* (grausig) B 165.

    †*sceadu-genga* (der im Dunkel [Schatten] gehende) B 704.

8) *ägláeca* neben *aglæca* (der, welcher Schmerz erregt, böser Geist)

    E 159. I 593. 647. 733. 740. 817. II 990 (*ahlœca*).

    B 425. 433. 1001. 1270.

    Epith.: *atol* (hässlich, grausig) E 159. I 593. 733. 817.

9) *hæðen* (Heide) II 987.

10) **deáð-scúa* (Todesschatte) E 160.

    Epith.: *deorc* (finster) ib.

11) *wiht* † *unhælo* (Dämon des Verderbens) E 120.

    Epith.: *grim and grædig* (grimm und gierig) E 121.

    *reóc and rêðe (wild und wütend) E 122.

    dann: †*thúðe-hrêmig* (frohlockend über den Raub) E 124.

12) **dæd-hata* (der Thathasser [Leo]; nach Heyne: der durch

    seine Thaten verfolgende) I 275.

    Epith.: *deógol* (versteckt) ib.

13) † *dæd-fruma* (der Thatenbegeher) A 2091.

    Epith.: *diór* (grausam) ib.

14) *se lǎða [lǎð]* (der Böse) II 1258. A 842. B 132. 440.
   lǎð-geteóna (tückischer Schädiger) II 975.
15) *heal-þegn* (der Halldegen) E 142.
16) *rêðe rên-weard* (der erzürnte, gewaltige Hüter) I 771 (von Grendel und Beówulf).
17) *rinc* (Krieger) I 721.
   hilde-rinc (= *rinc*) II 987.
18) *eoton* (Riese) I 762. B 669.
19) †*þyrs* (Thurse, Riese) B 426.
20) *cwealm-cuma (zum Morde kommender) B 793.
21) *fyrena-hyrde* (Hüter der Feindseligkeiten) I 751.
22) *feorh-geniðla* (der boshaft das Leben verdirbt) II 970.
23) *eald-gewinna (Altfeind) A 1777.
24) *æfen-grom (Nacht-, eigentl. Abendfeind) A 2075.
   Epith.: *atol* (hässlich) ib.
25) *bana* (Mörder) A 2083.
   Epith.: *blôdig-tôð (mit blutigem Zahne) ib.
26) †*grom-heort guma* (feindlich gesinnter Mann) B 1683.
27) †*won-sælig wer* (der des Glückes baare Mann) B 105.
28) *heoro-wearh (der dem Schwerte verfallene) B 1268.
   Epith.: *hetelic* (verhasst) ib.
29) *se mæra* (der berüchtigte) I 763.
30) *rôf* (stark) I 683.
   mägenes rôf (der an Heldenkraft starke) A 2085.
31) *heaðo-deór* (kühn im Kampfe) B 773 (von Grendel und Beówulf).
32) *wrǎð* (der Zornige, Feindliche) I 661. B 709.
33) *bealo-hydig (auf Uebel sinnend) I 724.
34) *inwit-þanc (der ränkevolle Gedanken habende) I 750.
35) *helle hæft* (der von der Hölle gefesselte) I 789.
36) *uncûð* (der Feind) II 961.
37) †*earm-sceapen* (der armselig geschaffene, elende) II 1352.
38) *wêrig-môd* (niedergedrückten Geistes, lebensmüde) A 845.
39) *gûð-wêrig (durch den Kampf entkräftet) A 1587.
40) *tir-leás (der Ruhmlose) A 844.
41) *dreáma leás* (der Freuden baar) A 851.
   dreáme bedæled (der Freude entblösst) B 1276.
   dreámum bedæled (der Freuden entblösst) I 722.

III. Grendels Mutter.

1) *ellor-gœst* (der anderswo lebende Geist) II 1350 (von Grendel und dessen Mutter). 1618. 1622.

Epith.: †*œttren* II 1618.

2) †*wäl-gœst* (todbringender Geist) II 1332.

Epith.: *wäfre* (wabernd, gespenstig) ib.

3) *mán-scaða* (frevelnder Feind) B 1340.

Epith.: *mihtig* (mächtig) ib.

4) *mearc-stapa* (Markenstapfer, Grenzbegeher) II 1349 (von Grendel und dessen Mutter)·

Epith.: *micel* (gewaltig) ib.

5) *sinnig secg* (schuldbeladener Mann) II 1380.

6) *ides *aglœc-wif* (Weib gespenstigen Wesens) II 1260.

7) **mere-wif* (Meerweib) II 1520.

Epith.: *mihtig* (mächtig) ib.

8) *wif unheóre* (ungeheuerliches Weib) A 2121.

9) *brim-wylf* (Meerwölfin) II 1600. A 1507.

10) **grund-wyrgen* (Wölfin des Grundes) II 1519.

11) **grund-hyrde* (Hüter des [Meeres-] Grundes) A 2137.

12) *atol *œse wlanc* (grausig, des Aases stolz) II 1333.

13) *grim and grœdig* (grimm und gierig) A 1500.

grim gryrelíc (grimm und grauenhaft) A 2137.

14) *gifre and † gealg-mód* (gierig und galligen Sinnes) B 1278.

15) †*theoro-gifre* (auf feindliche Ueberfälle gierig, eigentlich: schwertgierig) A 1499.

IV. Der Drache.

1) *draca* (Drache) IV 2403. 2550. 3132. B 2212. 2291.

*lig-draca (Flammendrache) B 2334.

*se lêg-draca (der Lohdrache) B 3041.

*fÿr-draca (Feuerdrache) IV 2690.

Epith.: *frêcne* (gefahrvoll) ib.

eorð-draca (Erddrache) IV 2713. 2826.

Epith.: *egeslíc* (schrecklich) IV 2826.

nið-draca (Kampfdrache) B 2274.

Epith.: *nacod* (nackt) ib.

2) *wyrm* (Wurm) IV 2401. 2520. 2568. 2630. 2670. 2706. 2746. 2760. 2772. 3133.

B. 2288. 2308. 2317. 2344. 2349. 2590 (?). 2828. 2903. 3040.

Epith.: *woh-bogen* (krumm gebogen) B 2828.

3) **attor-sceaða* (giftiger Räuber) B 2840.

*uht-sceaða (Zwielicht-Räuber, ℴ -Schädiger) B 2272.

Epith.: *eald* (alt) ib.

se mān sceaða (der frevelnde Feind) IV 2515.

þeód-sceaða (Volksschädiger) IV 2689. B 2279.

*gūð-sceaða (Kampffeind) B 2329.

4) **lyft-floga* (Luftflieger) B 2316.

Epith.: *lāð* (feindlich) ib.

*uht-floga (der im Zwielicht fliegende) B 2761.

Epith.: *eald* (alt) ib.

wid-floga (der weithin fliegende) B 2347. 2831.

*gūð-floga (fliegender Kämpfer) IV 2529.

5) *weard* (Hüter, Wart) IV 2414.

Epith.: *unhióre* (ungeheuer) ib.

beorges weard (Hüter des Berges) IV 2525. 2581. B 3067.

hord-weard (Hüter des Hordes) IV 2555. B 2294. 2303. 2594.

*gold-weard (Hüter des Goldes) IV 3082.

6) *beorges hyrde* (Hüter, eigentlich Hirte des Berges) B 2305.

frātwa hyrde (Hüter der Kostbarkeiten) IV 3134.

7) *se gāst* (der Gast, Fremdling) B 2313.

*inwit-gāst (feindlicher Fremdling) IV 2671.

Epith.: *atol* (grausig) ib.

gryre-gāst (Grauen erregender Fremdling) IV 2561. B 3042 (?).

Epith.: *grim-lic* (schrecklich) B 3042.

†*nið-gāst* (feindlicher Fremdling) IV 2700.

8) *feónd* (Feind) IV 2526 (?). 2707.

Epith.: *unhȳre* (ungeheuer) IV 2526.

9) *nearo-fāh* (Bedrängnis bringender Feind) B 2318.

10) *ferhð-geniðla* (Lebensfeind) B 2882.

11) *ealdor-gewinna* (Lebensfeind) B 2904.

12) *aglæca* (böser Geist) IV 2521. 2525. 2558. B 2906.

aglæca (Krieger) B 2593 (von Beówulf und dem Drachen).

13) *gūð-freca* (Kampfheld) IV 2415.

Epith.: *gearo* (bereit) ib.

eald (alt) IV 2416.

14) *hring-boga* (der sich zum Ringe zusammenbiegende) IV 2562.

15) *syllicra wiht* (seltsameres Wesen) B 3039.

16) *byrnende* (brennend) IV 2570. B 2273.

17) *gebogen* (zusammengeringelt) IV 2570.
18) *hât and hreóh-môd* (flammend und zornigen Sinnes) B 2297.
19) *stearc-heort* (der Mutvolle) B 2289.
20) *se lâða* (*lâð*) (der feindliche) B 2306. 3041.
21) **gryre-fâh* (der grauenvoll glänzende) IV 2577.
22) **hioro-weallende* (der kämpfend umberfliegende) B 2782.
23) *mâðm-œhta wlonc* (auf die kostbaren Güter stolz) B 2834.
24) *wintrum frôd* (der an Wintern alte) B 2278.

V. Sonstige übernatürliche Wesen.

a) Riesen.

1) *eotenas* (Riesen) B 112.
2) *gigantas* (Giganten) B 113. 1563. 1691.
4) *entas* (Enzen, Riesen) B 1680. IV 2718. 2775.

b) Ungeheuer.

1) **orcnêas* (Seeungeheuer) B 112.
2) *nicoras* (Nixe) II 1428. A 846. B 422. 575.
3) †*scucca* [Nom. Sing.] (schattenhafter Geist) A 940.
4) **scinna* [Nom. Sing.] (Trugerscheinung, Gespenst) A 940.
5) **ylfe* (?) (Elben) B 112.

c) Teufel.

1) **gâst-bana* (Mörder des Geistes) E 177.
2) *deófol* (Teufel) A 2089. B 757. 1681.
3) *werig gâst* (der ruhelose, geächtete Geist) B 1748.

II.

Die Helden.

I. Beówulf der Geáte.

A) Beówulfs Herkunft und Stellung unter den Geáten.

a) Beówulfs Abstammung und verwandtschaftliche Beziehungen.

1) *bearn Ecgþeówes* (der Geborene Ecgþeówes) I 529. II 958.
   1384. 1474. A 632. 1652. 1818. 2000. B 2178. 2426.
2) *sunu Ecgþeówes* (der Sohn Ecgþeówes) IV 2399. B 1551. 2368.
3) *maga Ecgþeówes* (der Spross Ecgþeówes) B 2588.

4) *Hygeláces mæg* (Hygelâcs Verwandter) I 738. 759. 814.
II 1531. B 915.

Hygeláces mæg and mago-þegn (Hygelâcs Verwandter und
Lehensmann) I 407 u. 408.

b) Beówulfs Stellung unter den Geáten.

1) *Wedera leód* (Fürst der Wederer) I 341.
2) *Geáta leód* (Fürst der Geáten) I 670. A 626. B 1433.
3) *Geát-mecga leód* (Fürst der Geátenmänner) I 830.
4) *Weder-Geáta leód* (Fürst der Weder-Geáten) II 1493.
1613. IV 2552.
5) *Gúð-Geáta leód* (Fürst der Kampf-Geáten) B 1539.
6) *Hygeláces þegn* (Hygelâcs Degen) I 194. A 1575.

Hygeláces [mæg and] mago-þegn (Hygelâcs [Verwandter
und] Lehensmann) I 407 u. 408.

7) *Hygeláces heorð-geneát* (Hygelâcs Herdgenosse) I 261.
8) *Hygeláces beód-geneát* (Hygelâcs Tischgenosse) I 343—44.
[Nr. 7 u. 8 von Beówulf und seinen Gefährten].
9) †*lind-gestealla [Hygeláces]* (Schildgeführte [Hygelâcs])
A 1974.
10) †*geselda [Hygeláces]* (Genosse [Hygelâcs]) A 1985.
11) *dryhten Geáta* (Kriegsherr der Geáten) IV 2403. 2561.
2577. B 2902.
12) *Wedera þeóden* (König der Wederer) IV 2787. 3038.
B 2337. 2657.
13) *Wedera helm* (Schutz der Wederer) IV 2706.
14) *gold-wine Geáta* (Goldfreund der Geáten) IV 2420. B 2585.
15) †*wil-geofa Wedra leóda* (der Freudenspender der Wedern-
leute) B 2901.

c) Ehrende Benennungen, die Beówulf vermöge seiner Stellung zukommen.

1) *eorl* (Edler) I 690. 762. II 983. A 1513. B 3064.
2) *æðeling* (Edeling) II 1597. A 1226. 1816. IV 2425. 2668.
2716. 3136. B 2189. 2343. 2375.
3) *scealc* (der Verpflichtete, Gefolgsmann) A 940.
4) *ealdor (aldor)* (Herr, Fürst; eigentl. der Ältere) I 369.
ealdor þegna (Fürst der Degen) A 1645.
5) *þeóden* (Kriegsherr) II 1526. 1628. IV 2710. 2811. 2870.
3080. 3087 (?). B 2384.

mære þeóden (der berühmte Kriegsherr) IV 2573. 2722.
2789. 3142. B 798.

(siehe Bemerkungen hierzu im II. Teile).

6) *dryhten* (Herr des Gefolges) IV 2754. 2790.

eorla dryhten (Fürst der Edlen) B 2339.

†*freá-dryhten* (edler Herr) B 797.

freó-dryhten (gebietender Herr) IV 2628.

gum-dryhten (Männergebieter) A 1643.

wine-dryhten (der geliebte Herr, Herr und Freund) A 1605.
IV 2723.

man-dryhten (Gebieter der Männer) IV 2605. 2850. 2866.
B 2282. 2648. 3150.

7) *eorla hleó* (Zuflucht der Edeln) B 792.

8) *wigendra hleó* (Zuflucht, Schutz der Kämpfenden) A 1973.
B 2338.

9) *cyning* (König) IV 2418. 2703. 3094. 3122. B 2210.
2391. 2913.

gúð-cyning (Kampfkönig) IV 2564. 2678. 3037. B 2336.

folc-cyning (Volkskönig) IV 2874.

þeód-cyning (Volkskönig) IV 2580. 2695. B 3009.

woruld-cyning (König über die Welt, mächtiger Herrscher)
IV 3182.

10) *hláford* (Brodherr, Herr) IV 3143. 3181. B 228. 2635. 2643.

†*eald-hláford* (Herr von langen Zeiten her) IV 2779.

11) *freá* (Herr) IV 2538. 2663. 2854. B 2286. 3003. 3108.

12) *hild-fruma* (Kampffürst) B 2650. 2836.

13) †*frum-gár* (Häuptling; Herzog) IV 2857.

14) †*here-wisa* (Heerweiser) B 3021.

15) *wigena* *strengel* (König der Kämpfer) IV 3116.

16) *rices hyrde* (Hüter des Reiches) IV 3081.

17) *folces hyrde* (Hüter des Volkes) B 2645.

18) *folces weard* (Wart des Volkes) IV 2514.

19) *winia bealdor* (Herr der Freunde, der Vertrauten) IV 2568.

20) *éðel-weard* (Herr des Stammgutes) B 2211.

21) *hringa fengel* (Herr der Ringe) B 2346.

22) †*gold-gifa* (Goldgeber) B 2653.

23) *sinc-gifa* (Spender des Schatzes) B 2312.

B. Beówulfs körperiiche Eigenschaften betreffend.

1) *se rôfa* (der starke [nach H e y n e]) IV 2691.
rôf rand-wiga (der starke Schildkämpfer) A 1794.
rôf oretta (der starke Held) IV 2539.
†*beadu-rôf* (der im Kampfe kräftige) IV 3162.
2) *mon-cynnes mägenes strengest* (der an Kraft stärkste des Menschengeschlechtes) I 196.
manna mägene strengest (der an Heldenkraft stärkste der Menschen) I 790.
mägenes strang (an Heldenkraft stark) A 1845.
3) *wigena strengest* (stärkster der Kämpfer) B 1544.
4) *se gamola (gamol)* (der greise) IV 2422. 2794. 2818. 2852. 3096.
5) *hâr hilde-rinc* (der greise Kampfheld) IV 3137 (?).
6) *frôd cyning* (greiser König) B 2210.

C. Beówulfs Character.

1) *secg* (Mann, Krieger) I 208. II 1312. A 948. 1570. B 1760. 1813. 2353.
secg on searvum (Held in der Rüstung) I 248.
Epith.: *betsta* (der beste) A 948. B 1760.
sigor-eádig (siegbegabt) II 1312. B 2363.
môdig (mutig) B 1813.
2) *wer* (Mann) IV 3174. B 1269.
Epith.: *wäccende* (wachend) B 1269.
3) *beorn* (Held, Krieger) I 211 (von Beówulf und seinen Gefährten). II 1025. IV 2560. B 2434.
Epith.: *gearo* (gerüstet) I 211.
4) *oretta* (der zu Nichtemacher, siegreicher Kämpfer [Leo]) II 1533. IV 2539.
Epith.: *yrre* (zornig) II 1533.
rôf (heldenkräftig) IV 2539 (siehe B,1).
5) *cempa* (Kämpe) II 1318. A 1586. B 1762.
Epith.: *äðele* (edel) II 1313.
rêðe (zornig) A 1586.
mære (berühmt) B 1762.
Geáta cempa (Kämpe der Geáten) B 1552.
fêðe-cempa (Fusskämpfer) B 1545.

6) *rinc* (wehrhafter Mann) I 748.
  Epith.: **hige-þihtig* (im Herzen entschlossen) I 747.
gûð-rinc (Kampfheld) A 1502. 1882.
  Epith.: **gold-wlanc* (auf das [verdiente] Gold stolz)
  A 1882.
†*here-rinc* (Heerheld) A 1177.
hilde-rinc (Kampfheld) II 1496. A 1577. IV 3137 (?).
  Epith.: *hâr* (greis) IV 3137 (siehe B,5).

7) *wiga* (Kämpfer) A 630.
  Epith.: †*wäl-reów* (schlachtkühn) ib.
rand-wîga (Schildkämpfer) A 1794.
  Epith.: *rôf* (stark) ib. (siehe B, 1).

8) *wîgend* (Weigand) IV 3100.
  Epith.: †*weorð-fullost wide geond eorðan* (der ruhm-
  vollste weit über die Erde hin) ib.
wîgena weorð-mynd (der Krieger Zierde) II 1560.

9) *þegn* (Degen) A 1872.
  Epith.: *betsta* (der beste) ib.

10) †*freca Scyldinga* (Kämpfer der Scyldinge) II 1564.
hilde-freca (Kampfheld) B 2367.
*scyld-freca (Schildkämpfer) II 1034.
*sweord-freca (Schwertkämpfer) B 1469.

11) *aglœca* (trefflicher Krieger) A 1513. B 2593 (von Beówulf
  und dem Drachen, siehe I, IV,12).

12) *hilde-hlemma* (Tobender im Kampf, Rufer in der Schlacht)
  IV 2545. B 2352.
  Epith.: *gum-cystum gôd* (an Mannestugenden vortreff-
  lich) IV 2544.

13) *dryht-guma* (Mann der Kriegerschaar) B 1769.

14) *häleð* (Held) A 1647.
  Epith.: *hilde-deór* (kühn im Kampfe) ib.

15) *se gôda (gôd)* (der tüchtige) I 205. 676. II 1519. 1596.
  A 1191. IV 3037. 3115. B 384. 2328.
gôd mid Geátum (der wackere unter den Geáten) I 195.
se gôda mæg Hygelâces (der tüchtige Verwandte Hygelâcs)
  I 759.
gôd cyning (guter König) B 2391.
gôd gûð-cyning (guter Kampfkönig) IV 2564.

äðeling ær-gôd (von lange her guter [d. h. mit Würden
gesegneter] Edeling) B 2343.

16) *heard* (der harte, kühne) I 342. 376. 404. A 1575. IV 2540.

se hearda (ebenso) I 401. A 1964. B 1808.

†*nið-heard cyning* (der im Kampfe kühne König) IV 2418.

17) *se môdiga* (der mutige) B 3012.

se môdiga mæg Hygeláces (der mutige Verwandte Hygelâcs) I 814.

*gum-dryhten môdig (der mutige Männergebieter) A 1643.

18) *(se) heaðo-deór* (der im Kampfe kühne) I 689. B 773.
(von Beówulf und Grendel; siehe I, II,31).

19) *hilde-deór* (schlachttapfer) I 835. B 2184. (Siehe auch Nr. 14).

20) **fyrd-wyrðe man* (der auf der Kriegsfahrt werthe Mann)
II 1317.

21) **dæd-cêne mon* (der thatenkühne Mann) A 1646.

22) *stearc-heort* (der mutvolle) IV 2553.

23) †*se hrôra* (der rührige, tapfere) A 1630.

24) *hyge-rôf* (von kraftvoller Gesinnung) I 204. 403.

25) *äðeling* † *án-hydig* (der entschlossene Edeling; Edeling
eines Entschlusses) IV 2668.

26) *þióden* † *þrist-hydig* (Herrscher von tapferem Mute)
IV 2811.

27) †*swið-môd* (der starkgemutete) II 1625.

28) †*stíð-môd* (strengen Mutes) IV 2567 (verbunden mit *winia
bealdor*, IV 2568, siehe A, c, 19).

29) *snotor and swýð-ferhð* (klug und tapferen Sinnes) I 827.

30) *rûm-heort* (der grossherzige) A 1800.

31) *cuma colien-ferhð* (der hochsinnige Ankömmling) A 1807.

32) *wlanc Wedera leód* (der stolze Fürst der Wederer) I 341.

33) *se rica* (der gewaltige) I 399.

34) *äðele and eácen* (edel und gewaltig) I 198.

35) *dædum rôf* (durch Thaten berühmt; H e y n e: stark durch
[an] Thaten) IV 2667.

ellen-rôf (der kraftberühmte) I 340.

eorl ellen-rôf (der kraftberühmte Edle) B 3064.

36) *mære Geáte* (der berühmte Geáte) II 1302.

se mæra maga Ecþeówes (der berühmte Sohn Ecþeóws)
B 2588.

37) *wid-cúð* (der weitbekannte) II 1048.

2

wid-cûð man (weitbekannter Mann) A 1490.

guma gûðum cûð (durch Kämpfe berühmter Mann) B 2179.

38) †*tîr-eádig man* (an Kampfruhm reicher Mann) B 2190.

39) * *lagu-cräftig mon* (der seekundige Mann, auf Beówulf zu beziehen?) I 209.

40) **mere-fara* (Meerfahrer) I 502.
Epith.: *môdig* (mutig) ib.

41) †*lid-manna helm* (Schirm der Seefahrer) II 1624.

42) *bolgen-môd* (erzürnten Herzens) B 710.

43) *wêrig-môd* (am Leben verzweifelnd?, eigentlich „niedergedrückten Sinnes") B 1544.

44) *ân-ræd* (festen [eines] Entschlusses) II 1530.
yrre and ân-ræd (erzürnt und festen [eines] Entschlusses) A 1576.

45) *sige-hrêðig* (siegberühmt [durch den Sieg über Grendels Mutter]) II 1598.

46) *weorð Denum äðeling* (den Dänen werter Edeling) A 1815

47) *se wîsa* (der weise) B 2330.
wîs-hycgende (weise denkend) IV 2717.

48) *leóf þeóden* (der liebe Herrscher) IV 3080.
leóf man (der liebe Mann) IV 2898. 3109.
hláford leóf (der liebe Brodherr, der liebe Herr) IV 3143.

49) *se leófesta* (der liebste) IV 2824.

50) *(woruld-cyning) mannum mildust* (sehr gnädig [freigebig] gegen die Mannen) IV 3183.

51) †*mon-þwærust* (der mannenfreundlichste) IV 3183.

52) *leódum liðost* (zu den Leuten [Völkern] sehr linde) IV 3184.

53) **lof-geornost* (der lobgierigste) IV 3184.

II. König Hróðgâr.

A) Hróðgârs äussere Verhältnisse.

a) Hróðgârs verwandtschaftliche Beziehungen.

1) *maga Healfdenes* (der Spross Healfdenes) E 189. II 1475. A 2012. B 1868. 2144.

2) *sunu Healfdenes* (Sohn Healfdenes) I 268. 344. 646. II 1041. A 1653. 1700. 2148. B 1010.

3) *bearn Healfdenes* (der Geborene Healfdenes) II 1021.

4) **ðôum-swerian* (Eidam und Schwäher) E. 84

b) Hróðgârs Stellung unter den Dänen.

1) *freá Scyldinga* (Herr der Scyldinge) I 291. 351. 500.
  A 1167.
2) *fred Denig[e]a* (Herr der Dänen) I 271. 359. B 1681.
3) *freá Ingwina* (Herr der Ingwine) II 1320.
4) *eodor Ingwina* (schützender Fürst der Ingwine) II 1045.
5) *eodor Scyldinga* (schützender Fürst der Scyldinge) I 428. 664.
6) *leód Scyldinga* (Fürst der Scyldinge) A 1654.
7) *ealdor Dena* (Herr der Dänen) B 669.
8) *ealdor Eást-Dena* (Herr der Ost-Dänen) I 392.
9) *brego Beorht-Dena.* (Herrscher der Glanz-Dänen) I 427. 610.
10) *þeóden Scyldinga* (Kriegsherr der Scyldinge) A 1676. 1872.
11) *wine Scyldinga* (Freund der Scyldinge) E 170. A 1184.
  2027. 2102. B 148.
12) *wine Deniga* (Freund der Dänen) I 350.
13) *helm Scyldinga* (Schirm der Scyldinge) I 371. 456. II 1322.
14) *éðel-weard Eást-Dena* (Herr des Stammgutes der Ost-Dänen)
  A 617.

c) Ehrende Benennungen, welche Hróðgâr als König der Dänen erhält.

1) *cyning* (König) II 1307. A 620. 864. 921. B 1011. 2111.
  cyning äðelum gôd (König edeln Geschlechtes) A 1871.
  gûð-cyning (Kampfkönig) I 199.
  †*heáh-cyning* (Hochkönig) II 1040.
  se þeód-cyning (der Volkskönig) A 2145.
2) *þeóden* (Kriegsherr; Herrscher) I 365. 417. A 2132.
  mære þeóden (der berühmte Herrscher) E 129. I 201. 345.
  353. II 1599. A 1993. B 1047.
3) *eorla dryhten* (Gebieter der Edeln) II 1051.
  gumena dryhten (Gebieter der Männer) A 1825.
  freó-dryhten (gebietender Herr) A 1170.
  man-dryhten (Männergebieter) II 1250. A 1230.
  †*sige-dryhten* (Siegesherr) I 391.
  wine-dryhten (Herr und Freund) I 360. A 863.
4) *eorla hleó* (Zuflucht der Edeln) II 1036. B 1867. 2143.
  wigendra hleó (Zuflucht der Weigande) I 429.
5) *äðeling* (Edeling) E 130.
6) *ealdor* (Herr) I 346. 593.
7) *freá* (Herr) A 642.

2*

8) *hláford* (Brodherr, Herr) I 267.

9) †*leód-fruma* (Volksfürst) A 2131.

10) *hild-fruma* (Kampffürst) A 1679.

11) *wig-fruma* (Kampffürst) B 665.

12) *folces hyrde* (Hirte des Volkes) I 611.

   rices hyrde (Hüter des Reiches) A 2028.

13) †*leód-gebyrgea* (Volksschützer) I 269.

14) *freó-wine folca (Herr und Freund der Völker) I 430.

15) *rices weard* (Wart des Reiches) II 1391.

   beáh-horda weard (Wart des Ringschatzes) A 922.

   hord-weard häleða (Wart des Hordes der Helden) B 1048.

16) *sinc-gifa* (Schatzspender) II 1013.

17) *beága brytta* (Verteiler der Ringe) I 352. II 1488.

   sinces brytta (Verteiler des Schatzes) I 608. A 1171.

18) *gold-wine gumena* (Goldfreund der Männer) II 1477. A 1172.
   1603.

B) Hróðgârs körperliche Eigenschaften.

1) *se gomela* (der greise) II 1398.

   gamela Scylding (der greise Scylding) A 1793. 2106.

   gomel * gûð-wiga (der greise Schlachtkämpfer) A 2113.

   gamel rinc (der greise Held) A 1678.

2) †*gamol-feax* (mit greisen Haaren) I 609.

3) *blanden-feax* (grauhäuptig, mit grauen Haaren) A 1792 1874.

4) *hâr hild-fruma* (der greise Kampffürst) A 1679.

   hâr hilde-rinc (der greise Kampfheld) II 1308.

5) *eald and * unhâr* (alt und sehr ergraut) I 357.

   eald infrôd (alt, hochbetagt) A 1875.

6) *frôd cyning* (der greise König) II 1307.

C) Hróðgârs Character.

1) *se góda* (der tüchtige, gute) I 355.

   gôd cyning (trefflicher König) A 864.

   gum-cystum gôd (an Mannestugenden vortrefflich) II 1487.

   ððeling ær-gôd (von lange her guter, [d. h. mit Würden
      gesegneter] Edeling) E 130.

2) *se sêlesta woruld-cyninga* (der beste der mächtigen [Welt-]
      Könige) A 1685.

3) *se wisa* (der weise) A 1699.

   se wisa freá Ingwina (der weise Herr der Ingwine) II 1319

wisa fengel (der weise Fürst) II 1401.

4) *se snottra* (der kluge) II 1314. A 1787.

snotor guma (kluger, weiser Mann) II 1385.

snottra fengel (kluger Fürst) II 1476. A 2157.

5) *gläde* (freundlich) A 864.

6) *fela † fricgende* (der viel fragende) A 2107.

7) *rûm-heort cyning* (der grossherzige König) B 2111.

8) *beorn* (Held) A 1881.

9) *häleð* (Held) A 1817.

    E p i t h.: *hilde-deór* (im Kampfe kühn) ib.

10) *hilde-deór* (der schlachtkühne) B 2108.

11) **gûð-wiga* (Schlachtkämpfer) A 2113.

    E p i t h.: *gomel* (greis), siehe B,1.

12) *hilde-rinc* (Kampfheld) II 1308.

    E p i t h.: *hâr* (greis), siehe B,4.

13) *se mæra maga Healfdenes* (der berühmte Spross Healfdenes) II 1475. A 2012.

14) *wid-cûð* (der weitbekannte) II 1043.

15) *†sige-róf cyning* (der siegberühmte König) A 620.

16) *†gûð-róf* (kampfberühmt) I 609.

17) *†tîr-fäst* (ruhmfest, mit stetem Ruhme begabt) A 923.

18) *rîce* (der mächtige) E 172. II 1238.

se rîca (ebenso) I 310.

III. Scyld Scêfing.

1) *wine Scyldinga* (Freund der Scyldinge) E 30.

2) *eorl* (der Edle) E 6.

3) *leóf þeóden* (der liebe Herrscher) E 34.

4) *leóf * land-fruma* (der liebe Landfürst) E 31.

5) *gôd cyning* (guter König) E 11.

6) *äðeling* (Edeling) E 33.

7) *ealdor* (Fürst) E 56.

8) *beága brytta* (Verteiler der Ringe) E 35.

9) *mære* (der berühmte) E 36.

10) **fela-hrôr* (der viel rührige, sehr kriegerische) E 27.

IV. Hygelâc.

A) Verwandtschaftliche Beziehungen.

1) *Higelâc Hrêðling* (Hygelâc, der Sohn des Hrêðel) A 1924.

2) *sunu Hrêðles* (der Sohn Hrêðels) II 1486.

3) *Hréðles eafora* (der Nachkomme Hréðels) A 1848.
B 2359. 2993.

4) *nefa Swertinges* (der Enkel Swertings) A 1204.

B) *bana Ongenþeówes* (der Mörder Ongenþeówes) A 1969.
(Siehe Bemerkungen hierzu im zweiten Teile).

C) Stellung unter den Geáten und ehrende
Benennungen.

1) *Geáta cyning* (König der Geáten) B 2357.

2) *Geáta dryhten* (Kriegsherr, Gebieter der Geáten) II 1485.
A. 1832. B 2992.

3) *cyning* (König) A 1926. 2192.
gúð-cyning (Kampfkönig) A 1970.
Epith.: *geóng* (jung) ib.

4) *þeóden* (Kriegsherr, König) A 2096.

5) *ealdor* (Fürst) A 1849. B 2921.

6) *dryhten* (Gebieter) A 2001.
man-dryhten (Männergebieter) A 1979. B 436.

7) *eorla hleó* (Zuflucht der Eorle) A 1968. 2191.

8) *folces hyrde* (Hirte des Volkes) A 1833. 1850.

9) *freá-wine folces* (Herr und Freund des Volkes) B 2358.

10) *sinces brytta* (Verteiler des Schatzes) A 1923. 2072.

D) Hygelács Character.

1) *gôd gúð-cyning* (der treffliche Kampfkönig) A 1970.
se gôda (der tüchtige) B 2945.

2) *se rica* (der mächtige) A 1976.

3) *wlanc* (der stolze, der Heldenkraft sich bewusste) B 2954.

4) **beorn-cyning* (Heldenkönig) A 2149.

5) *†byrn-wiga* (Brünnenkämpfer) B 2919.

6) *nîða heard* (der in Kämpfen kühne) A 2171.

7) *heáh* (der erhabene) A 1927.

8) **brego-rôf cyning* (der heldenkräftige König) A 1926.

9) *heaðo-rôf cyning* (der kampfberühmte König) A 2192.

V. Wiglaf.

A) Äussere Verhältnisse.

1) *sunu Weoxstânes* (*Wihstânes*) (Sohn Weohstânes) IV 2603.
2753. 2863. 3077. 3121.

2) *byre Wihstânes* (Sohn Wihstânes) IV 3111. B 2908.

3) *mæg Älfheres* (Verwandter Älfheres) IV 2605.

4) *leód Scylfinga* (Fürst der Scylfinge) IV 2604.

5) *eorl* (Edler) IV 2696.

B) Körperliche Eigenschaften.

1) *se geonga* (der junge) IV 2861.

geong cempa (der junge Kämpfe) IV 2627.

geong gâr-wiga (der junge Speerkämpfer) IV 2675. 2812.

se maga geonga (der junge Mann) IV 2676.

2) **unfród guma* (unbejahrter, junger Mann) IV 2822.

C) Character Wigläfs.

1) *secg* (Held) IV 2864.

secg on searwum (Held in der Rüstung) IV 2701.

2) *þegn* (Degen, Held) IV 2722. 2811.

Epith.: *ungemete till* (gar sehr [eigentlich unmässig] tüchtig) IV 2722.

mago-þegn (ritterlicher Gefolgsmann) IV 5758.

Epith.: *módig* (mutvoll) ib.

3) *féðe-cempa* (Fusskämpfer) IV 2854.

4) *módig man* (mutiger Mann) IV 2699.

5) **lind-wiga* (Schildkämpfer) IV 2604.

Epith.: *leóf-lic* (teuer) ib.

6) *häleð* (Held) IV 3112.

Epith.: *hilde-deór* (schlachtenkühn) ib.

7) *collen-ferð* (der hochsinnige) IV 2786.

8) *se snotra sunu Wihstânes* (der verständige Sohn Wihstânes) IV 3121.

9) *sige-hréðig* (siegberühmt [durch den Sieg über den Drachen]) IV 2757.

III.

Benennungen der Völker.

I. Die Dänen.

1) *Dene* (Dänen) E 155. 1 242. 253. 271. 350. 359 465. 498. 658. 768. II 1418. A 1583. 1671. 1815. 1905. 2069. B 1091. 1159. 1681. 1721. 2036. 2051.

Norð-Dene (Nord-Dänen) I 784.

Súð-Dene (Süd-Dänen) I 463. A 1997.

Eást-Dene (Ost-Dänen) I 392. 829. A 617.

West-Dene (West-Dänen) A 1579. B 383.

Denig(e)a leóde (Leute der Dänen; Leute aus dem Dänen-
volke) I 389. 600. 697. II 1324. A 2126. B 1713.

Gár-Dene (Speer-Dänen) E 1. I 602. A 1857. B 2495.

Hring-Dene (Panzer-Dänen) E 116. II 1280. A 1770.

Beorht-Dene (Glanz-Dänen) I 427. 610.

2) *Scyldingas* (Scyldinge) E 58. I 229. 274. 291. 351. 428.
456. 500. II 1322. 1564. A 1167. 1169. 1184. 1602.
1654. 1676. 1872. 2102. 2160. B 779. 914. 1155. 2053.

wine Scyldinga (Freunde der Scyldinge) II 1419.

Ár-Scyldingas (Ehr-Scyldinge) I 464. B 1711.

Here-Scyldingas (Heer-Scyldinge) B 1109.

Sige-Scyldingas (Sieg-Scyldinge) I 598. A 2005.

þeód-Scyldingas (Volks-Scyldinge) A 1020.

3) *Ingwine* (Freunde des Ing) H 1045. 1320.

4) *Hréðmen* (ruhmvolle Männer?) B 445.

5) *eaforan Ecgwelan* (die Söhne des Ecgwela) B 1711.

II. Die Geáten.

1) *Geátas* (Geáten) I 195. 602. 626. 670. II 1485. A 1172.
1174. 1643. 1832. 1837. 1857. 1912. 2193. IV 2403.
2420. 2561. 2577. 2624. B 378. 1433. 1552. 2328.
2357. 2391. 2473. 2484. 2585. 2659. 2902. 2947. 2992.

Geáta leóde (Leute der Geáten, Geátenleute) I 205. 362.
443. 698. A 1857. 1931. IV 3138. 3180. B 1214.
2319. 2928. 2947.

gum-cyn Geáta (das Männergeschlecht der Geáten) I 260.

Geáta bearn (Kinder der Geáten, Nachkommen der Geáten)
B 2185.

Geát-mecgas (Geáten-Männer) I 491. 830.

Gúð-Geátas (Kampf-Geáten) B 1539.

Sæ-Geátas (See-Geáten) A 1851. 1987.

Weder-Geátas (Weder-Geáten) II 1493. 1613. IV 2552.
B 2380.

2) *Wederas* (Wederer) I 341. 498. A 2121. IV 2706. 2787.
3038. B 423. 2337. 2463. 2657.

Wedera leóde (Leute vom Stamme der Wederer) I 225.
698. A 1895. IV 3158. B 2901.
Wedera cyn (das Geschlecht der Wederer) I 461.
3) *Hréðlingas* (die Hreðlinge) B 2961.

III. Die Sweón (Sweon).

1) *Sweón* (Schweden) B 2473. 2947.
Sweóna leóde (Leute aus dem Stamme der Schweden) B 3002.
Sweó-þeód (Schwedenvolk) B 2923.
2) *Scylfingas* (Scylfinge) IV 2604. B 2382. 3006.
Heaðo-Scylfingas (die Kampf-Scylfinge) B 2206 (vergl. auch
E 63, wo Ongenþeów ein Heáðo-Scylfing genannt wird).
Gúð-Scylfingas (Kampf-Scylfinge) B 2928.

IV.

Bewaffnung. Kampf.

A) Schutzwaffen.

I. Rüstung. Brünne.

1) *byrne* (Brünne) E 40. I 238. 327. 405. II 1023. 1246.
1292. A 1630. 2154. IV 2525. 2530. 2616. 2622.
2674. 2705. 2813. 2869. 3141. B 2661.
Epith.: *hár* (grau) A 2154.
hringed (geringt) II 1246. IV 2616.
beorht (glänzend) IV 3141.
sid (gross, weit) II 1292.
*gúð-byrne (Kampfbrünne) I 321.
Epith.: *heard, hand-locen* (hart, mit der Hand geflochten)
I 321—322.
†*heaðo-byrne* (Kampfbrünne) B 1553.
*here-byrne (Heerbrünne) II 1444.
Epith.: *handum gebrogden, sid and searo-fáh* (mit den
Händen geflochten, gross und kunstvoll mit
Gold geschmückt) II 1444—45 (von Beówulfs Brünne).
*isern-byrne (Eisenbrünne) I 672.
*iren-byrne (Eisenbrünne) B 2987.

2) *searu* (Rüstung) I 249. 323. II 1558. A 1814. IV 2531. 2569. 2701.

gûð-searo (Kampfrüstung) I 215. 328.

Epith.: *geatolic* (stattlich) I 215.

fyrd-searu (Rüstung zur Kriegsfahrt) I 232. IV 2619.

Epith.: *fûslic* (in gerüstetem Zustande) ib.

3) *serce(syrce)* (Panzerhemd) I 226. 334. B 1112.

Epith.: *grœg* (grau) I 334
†*swât-fâh* (vom Blute schillernd) B 1112 (von Hnäfs Brünne).

*beadu-serce (Kampfgewand) IV 2756.

Epith.: *brogden* (geflochten) ib.

*hioro-serce (Kampfbrünne) IV 2540.

*here-serce (Heerhemd) A 1512.

leoðo-serce (Gliederbrünne) A 1506. 1891.

Epith.: *locen* (geknüpft) ib.

*lic-serce (Leibesbrünne) B 550.

4) *hrägl* (Gewand, Rüstung) I 454.

Epith.: *sêlest, Hrêðlan lâf, Wêlandes geweorc* (das beste, Hrêðles Erbstück, Wêlands Werk) I 454—55 (von Beówulfs Brünne).

*beadu-hrägl (Kampfgewand) B 552.

Epith.: *brogden* (geflochten) ib.

*fyrd-hrägl (Kriegsgewand) II 1528.

5) †*gewœde* (eigentl. Kleidung, dann: Kampfkleidung, Rüstung) I 292.

*eorl-gewœde (ritterliches Gewand) II 1443.

gûð-gewœde (Kampfkleidung) I 227. IV 2618. 2624. 2731. 2852. 2872.

breóst-gewœde (Brustkleidung, Brünne, welche die Brust bedeckt) A 2163. B 1112.

*here-wœd (Heergewand) A 1898.

*heaðo-wœd (Kampfgewand) E 39.

6) **gryre-geatwe* (Schreckensrüstung) I 324.

gûð-geatwe (Kampfausrüstung) I 395. B 2637.

hilde-geatwe (ebenso) I 675. B 2363.

*wîg-geatwe (ebenso) I 368.

7) †*breóst-net* (Brustnetz) B 1549

Epith.: *brogden* (geflochten) ib.

here-net (Heernetz) B 1554.

    E p i t h. : *heard* (hart) ib.

hring-net (Ringnetz) A 1890. IV 2755.

searo-net (Rüstzeugnetz ; Waffenhemd) I 406.

    E p i t h. : †*seówed smiðes* † *or-þancum* (durch des Schmiedes mechanische Geschicklichkeit geflochten) ib. (von Beówulfs Brünne).

8) *hring* (eigentlich der Ring, daher: die aus Ringen zusammengeflochtene Brünne) A 1504.

    byrnan hring (Brünnenring) B 2261.

9) *heaðo-reáf* (Ausrüstung für den Kampf) I 401.

10) *beadu-scrúd* (Kampfkleid) I 453.

    E p i t h. : *[beadu-scrúda] betst* (das beste) ib. (von Beówulfs Brünne).

11) *fyrd-ham* (Kriegskleid) A 1505.

12) *hilde-sceorp* (Schlachtkleid) A 2156.

13) *here-pád* (Kriegskleid) B 2259.

II. Helm.

1) *helm* (der verhüllende, Helm) I 240 (?). 342. 404. 673. II 1023. 1031. 1246. 1291. 1449. 1527. A 1630. 2154. IV 2540. 2616. 2724. 2812. 2869. 3140. B 1287. 1746. 2256. 2639 2660. 2763. 2980. 2988.

    E p i t h. : *heard, hyrsted golde* (hart, mit Gold ausgeschmückt) B 2256.

    †*hwít* (weiss, glänzend) II 1449.

    brún-fáh (glänzend, wie Metall) IV 2616.

    gold-fáh (goldglänzend) IV 2812.

    heaðo-steáp (kampfsteil, im Kampfe emporragend) II 1246. A 2154.

    entisc (von Riesen herrührend) B 2980.

†*grím-helm* (Maskenhelm) I 334. •

gúð-helm (Kampfhelm) B 2488.

2) *here-gríma* (Heermaske) I 396. IV 2606. B 2050.

beadu-gríma (Kampfmaske) B 2258.

3) *eofor* (Eber) II 1329. A 2153. B 1113.

    E p i t h. : *iren-heard* (eisenhart) B 1113.

[*eofor-líc* (Eberbild [Helmzierde]) I 303.]

4) *swín* (Schwein, Eber) B 1112. 1287 (von der Helmzier).

    E p i t h. : *eal-gylden* (ganz golden) B 1112.

[*swin-lic* (Schweinbild) II 1454.]

5) *wig-heafola* (Kampfhaupt) IV 2662.

III. Schild.

1) *scyld* (Schild) I 325. 333. IV 2571. 2676. 2851. B 437.
   Epith.: *sid* (gross) I 325. 437.
   fätte (mit Goldblech bezogen) I 333.
2) *rand (rond)* (der Rand, Schildrand, dann „Schild") I 231.
   326. 657. 683. IV 2539. 2567. 2610. 2674. B 1210.
   2654.
   Epith.: **regn-heard* (gewaltig fest) I 326.
   steáp (steil, hoch) IV 2567.
   beorht (glänzend) I 231.
   *bord-rand (Brett-Schild, Schild) IV 2560.
   †*geolo-rand* (gelber Schild) B 438.
   *hilde-rand (Kampfschild) II 1243.
   *sid-rand (breiter Schild) II 1290.
3) *bord* (eigentlich Brett, dann „Schild" [Leo]) IV 2525. 2674.
   B 2260.
   hilde-bord (Kampfschild) I 397 IV 3140.
   †*wig-bord* (Kampfschild) B 2340.
   Epith.: *eal-iren* (ganz eisern) B 2339.
   wrätlic (kunstvoll) B 2340.
4) **bord-wudu* (Schildholz) II 1244.
   Epith.: *beorht* (glänzend) ib.
5) †*bord-hreóða* (Schildüberzug, Schild) B 2204.
6) *lind* (Linde) IV 2611. B 2342. 2366.
   Epith.: *geolo* (gelb) IV 2611.
7) **byrdu-scrúd* (Schildschmuck) B 2661.

B) Angriffswaffen.

I. Schwert.

1) *sweord* (Schwert) I 359. 586. 673. 680. II 1041. 1290.
   1559. 1616. A 1570. 1606. 1664. 1697. 1902. 2194.
   IV 2519. 2563. 2611. 2617. 2682. 2701. B 437. 561.
   567. 574. 885. 891. 1107. 1287. 1809. 2253. 2387.
   2493. 2500. 2510. 2639. 2660. 2881. 2905. 2937.
   2962. 2988. 3049.

Epith.: *nacod* (nackt, bloss) I 539.

heard (hart, scharf) I 540. B 2510. 2639.

heard, * hilted (hart, mit einem Griffe versehen) B 2988.

fâh (glänzend) I 586.

swâte fâh (vom Blute schillernd) B 1287.

fâh and fätted (glänzend [und mit Goldblech]
bezogen) IV 2701.

*wreoðen-hilt and * wyrm-fâh (mit gewundenem
Hefte versehen und mit Schlangenbildern ver-
ziert) A 1699.

leóht (licht) B 2493.

ecgum † þyhtig (mit fester Schneide) II 1559.

ecgum † dyhtig (mit tüchtiger Schneide) B 1288.

hyrsted (ausgeschmückt) I 673.

bunden golde (mit Gold gebunden) A 1901.

eald, eotenisc (alt, von Riesen stammend) II 1559.
IV 2617. B 2980.

eald, eácen (alt, wuchtig) A 1664.

gamol (alt) IV 2611.

gamol and * græg-mæl (alt und von grauer
Farbe [eisern]) IV 2683.

deór (theuer) B 561. 3049.

gûð-sweord (Kampfschwert) A 2155.

Epith.: geatolic (schmuck) ib.

*maððum-sweord (kostbares Schwert) II 1024.

Epith.: mære (berühmt) ib.

*wæg-sweord (wuchtiges Schwert) A 1490.

Epith.: wrätlic (kunstvoll) ib.

2) bil (Haue, Schwert) E 40. I 583. II 1558. 1568. IV 2360.
2622. 2778. B 1145. 2061. 2360. 2486. 2509.

Epith.: sige-eádig (mit Sieg gesegnet, Sieg bringend)
II 1558.

[billa] sêlest (das beste der Schwerter) B 1145.

gûð-bil (Kampfschwert) B 804. 2585.

Epith.: nacod (bloss) B 2585.

hilde-bil (Kampfschwert) II 1521. A 1667. IV 2680. B 557˙

*wig-bil (Kampfschwert) A 1608.

3) *méce* (Schwert) IV 2615. 2686. B 565. 1766. 1813. 1939.
2048. 2940. 2979.

Epith.: *brád* (breit) B 2979.

*beadu-méce (Kampfschwert) II 1455.

*häft-méce (Schwert mit Ketten, [eigentlich Fesseln]) A 1458.

hilde-méce (Schlachtschwert) B 2203.

4) *ecg* (Schneide, dann „Schwert") A 1169. 1773. 2141. IV
2578. 2773. 2877. B 843. 806. 1146. 2507. 2829.

Epith.: *íren* (eisern) B 2829.

†*brún* (braun, blitzend) IV 2579.

eácen (wuchtig) A 2141.

ecg (Klinge) *íren, áter-tánum fáh* (eisern,
damasciert, [eigentl. durch Giftzweige glänzend gemacht]) A 1460.

heard-ecg (scharfes Schwert) II 1289. A 1491.

5) *íren* (Eisen, Schwert) I 674. II 990. A 1698. IV 2684.
B 803. 893. 1810. 2051. 2260. 2587.

Epith.: *deór* (theuer) B 2051.

leóflíc (kostbar, werth) B 1810.

dryhtlíc (vorzüglich) B 893.

ær-gód (seit lange mit Vorzügen gesegnet, vorzüglich) II 990. B 2587.

írena cyst (das vorzüglichste der Schwerter) I 674. A. 1698.
B 803.

*hring-íren (ringgeschmücktes Schwert) I 322.

Epith.: *scír* (glänzend) ib.

6) *wǽpen* (Waffe; Schwert) I 686. II 1560. A 1574. 1661.
1665. IV 2520. 2688. B. 434. 1468. 2039. 2966.

Epith.: *heard* (hart) A 1574.

wundrum heard (wunderbar scharf) IV 2688.

wǽpna cyst (das auserwählte der Schwerter) II 1560.

Epith.: *gód and geatolic, giganta geweorc* (gut und
schmuck, der Giganten Werk) B 1563.

*hilde-wǽpen (Kampfwaffe) E 39.

*sige-wǽpen (Siegeswaffe) B 805.

7) *mǽl* (Waffe, Schwert) II 1617. A 1668.

Epith: *bro[g]den* (gezückt) ib.

hring-mǽl (das mit Ringen geschmückte Schwert?) (nach
Heyne ist das Wort vermutlich ein Adjectivum, sicher
ist es dieses V. 2038, siehe 8). II 1522. 1565.

E p i t h.: *heard* (scharf) II 1567.

sceaðen-mœl (Verderben bringende Waffe) B 1940.

wunden-mœl (das mit gewundenen Zierraten versehene Schwert) II 1532.

   E p i t h.: *wrättum gebunden* (mit Zierraten ausgelegt) II 1532.

      stíð and * *stýl-ecg* (hart und mit stählerner Schneide) B 1534.

8) *láf* (ererbter Gegenstand) A 1489. 2192. IV 2564. 2578. 2629. B 796. 1689. 2037.

   E p i t h.: *eald* (alt) A 1489. B 796. 1689.

      gamol, ecgum * *ungleáw* (alt, mit rücksichtsloser [scharfer] Schneide) IV 2564.

      [gomelra [láf] heard and hring - mœl (Erbstück der Vorfahren, scharf und mit Ringen gezeichnet) B 2038].

      *incge (kostbar?) IV 2578.

      [Hrêðles láf] golde gegyred (mit Gold geschmückt) A 2192.

*fêla láf (Nachlass der Feilen) II 1033.

   E p i t h.: †*scûr-heard* (im Kampfschauer hart) II 1034.

†*homera láf* (Nachlass der Hämmer) B 2830.

   E p i t h.: *heard *heaðo-scearp* (hart, kampfscharf) ib.

yrfe-láf (Erbschwert) II 1054. A 1904.

9) †*secg* (das schneidende Schwert) I 685.

10) *beado-leóma* (Kampfleuchte) II 1524.

    hilde-leóma (Kampfleuchte) B 1144.

11) *heoru* (Schwert) B 1286.

    E p i t h.: *bunden, hamere geþuren* (gebunden, mit dem Hammer geschmiedet) ib.

12) * *mägen-fultum* (Kraftstütze) A 1456.

13) *gûð-wine* (Kampffreund) IV 2736. B 1811.

    E p i t h.: *gôd* (trefflich) B 1811.

       *wíg-cräftig (kräftig im Streite) B 1812.

14) *máðum* (Kleinod) II 1529.

    E p i t h.: *deór* (theuer) ib.

II. Speer.

1) *gâr* (Ger, Spiess) I 328. A 1847. B 1076. 1766. 3022.

E p i t h.: **morgen-ceald* (morgenkalt) B 3023.

bon-gár (Mordspeer) A 2032.
2) *äsc* (Esche; Lanze) A 1773.
†*äsc-holt* (Eschenholz) I 329.
   Epith.: *ufan græg* (oben grau, d. h. mit eiserner Spitze)
      I 330.
3) *here-sceaft* (Heerschaft) I 335.
   wäl-sceaft (todbringender Schaft) I 398.
   Epith.: *wudu* (hölzern) ib.
4) *mägen-wudu* (Kraftholz) I 236.
5) *þrec-wudu* (Kraftholz) II 1247.
   Epith.: †*þrymlic* (gewaltig) ib.
6) *wäl-steng* (Walstange, Schlachtspeer) A 1639.
7) †*daroð* (Wurfspiess) IV 2849.
8) † *eofor-spreót* (Eberspiess) B 1438.
   Epith.: *heoru-hóciht* (mit schwertscharfen Widerhaken
      versehen) ib.

III. Bogen und Pfeil.

a) Bogen.

1) *flán-boga* (Pfeilbogen) B 1434. 1745.
2) †*horn-boga* (Hornbogen) B 2438.

b) Pfeil.

1) *flán* (Pfeil) IV 3120. B 2439.
2) *gár* (Geschoss) B 2441.
   Epith.: *blódig* (blutig) ib.
3) *stræl* (Pfeil, Geschoss) IV 3118. B 1747.
   Epith.: *biter* (bitter) B 1747.
   here-stræl (Heerpfeil) B 1436.
   Epith.: *heard* (scharf, spitz) ib.
4) †*sceaft* (Geschoss) IV 3119.
   Epith.: *feðer-gearwum fús* (mit Befiederung ausge-
      rüstet) IV 3120.

IV. Sax.

†*seax* (Sax) B 1546.
   Epith.: *brád and * brún-ecg* (breit und mit glänzender
      Klinge) B 1547.
wäl-seax (Schlachtmesser) IV 2704.
   Epith.: *biter and * beadu-scearp* (bitter [schneidend]
      und kampfscharf) IV 2705.

C) Kampf.

1) *gûð* (Kampf, Schlacht) I 527. 604. A 631. 1659, 1998.
   IV 2513. 2537. 2544. B 438. 483. 1124. 1473. 1536.
   1959. 2179. 2354. 2484. 2492. 2879.
   Epith.: *grim* (grimmig) I 527.
2) *hild* (Getöse, Schlacht) I 452. 648. II 1482. A 1461. 1589.
   1660. 2077. IV 2576. 2685. B 902. 2299. 2917. 2953.
   3156.
3) *nîð* (Neid, Feindschaft, Kampf) I 828. A 846. 2171. IV
   2398. B 883. 1440. 1963. 2207. 2318. 2351. 2586.
   here-nîð (Heerkampf) B 2475.
   searo-nîð ([hinterlistiger] Kampf) I 582. B 3068.
4) *fæhðe (fæhðo)* (Fehde) I 459. 470. 596. II 1334. 1381.
   IV 2514. 2619. 2690. B 109. 1208. 1341. 1538. 2404.
   2466. 2490. 2949. 3000. 3062.
   fyrene and fæhðe (hinterlistige Nachstellung und Kampf)
   E 153. B 137. 880. 2481.
5) *wig* (Kampf, Krieg) E 65. I 686. II 1248. A 1657. 1771.
   IV 2873. B 23. 1081. 1084. 1085. 1269. 1338. 2317.
   †*fëðe-wig* (Fusskampf) B 2365.
6) *sacu* (Rechtssache, Process [Leo]; Krieg, Streit) E 154.
   I 601. II 1619. A 954 1666. 1858. 1978. 1990. 2030.
   IV 2563. 2613. 2682. 2687. B 2348. 2473. 2500. 2660.
7) *feohte* (Gefecht) B 576. II 960.
   were-feohte (Kampf zur Abwehr) I 457.
8) *gefeoht* (Kampf, Waffenthat) B 2049. 2442.
   Epith.: **feoh-leás* (sühnlos) B 2442.
9) *ræs* (Angriff, Sturm) IV 2627. B 2357.
   gûð-ræs (Kampfsturm) A 1578. B 2427. 2992.
   *hand-ræs (Faustkampf) A 2073.
   *hilde-ræs (Kampfsturm) I 300.
   heaðo-ræs (Kampfsturm) I 526. B 557. 1048.
   wäl-ræs (Schlachtsturm) I 825. A 2102. IV 2532. B 2948.
10) *beadu* (Kampf) B 710. 1540.
11) *searo* (Auflauern, Kampf) B 419.
12) *sweorda gelâc* (Spiel der Schwerter) II 1041.
   ecga gelâc (Spiel der Schwerter) A 1169.
   heaðo-lâc (Kampfspiel) I 584. A 1975.
   †*beadu-lâc* (Kampfspiel) II 1562.

3

13) *lind-plega* (Wettspiel der Schilde) B 1074. 2040.
14) **ecg-þracu* (Schwertersturm) I 597.
    E p i t h.: *atol* (schrecklich) ib.
15) *gewin* (Feindschaft, Kampf) B 799. 878.
16) *orleg* (gesetzloser Zustand, Krieg [Leo]) II 1327. B 2408.
    [*orleg-hwil* (Kriegszeit) A 2003 (?). B 2428. 2912.]
17) **geslyht* (Schlacht) IV 2399.
    E p i t h.: *sliðe* (gefahrvoll) ib.
18) *hand-gemōt* (Handgemenge) II 1527. B 2356.

V.

Meer. Schiff.

I. Das Meer und seine Erscheinungen.

1) *mere* (Meer) II 1363. A 846. 856. 1604. B 1131.
    mere-grund (der Meeresgrund) II 1450. A 2101.
    †*mere-stræt* (Meerstrasse) I 514.
2) *brim* (Meerflut, Meer) E 28. II 1595. A848. IV 2804. B 570.
    †*brim-lād* (Flutenweg) II 1052.
    *brim-wylm (Wogen der Flut) II 1495.
3) *holm* (das verhüllende [Meer]) E 48. I 240. 519. 543. II
    1593. A. 633. 1915. 2139. B 1132. 1436. 2363.
    holma †*geþring* (Strudel der Wogen) A 2133.
    *wæg-holm (das wellengefüllte Meer) I 217.
    *holm-wylm (Wogen der Meerflut) IV 2412.
4) *sæ* (See) I 318. 507. 544. 579 II 1298. A 859. 1224. 1686.
    B 1957. 2381. 2395.
    E p i t h.: *sid* (weit) I 507. B 2395.
    †*sæ-grund* (Seegrund) B 564.
    sæ-lād (Seeweg) B 1140. 1158.
    *sæ-wylm (Brandung der See) I 393.
5) *sund* (das zu durchschwimmende? [Meer]; zu swimman ge-
    hörig [Leo]) I 213. 223. 512. 539. II 1427. 1445.
    *sund-gebland (Gewühl der Meereswogen) II 1451.
6) *flōd* (Flut) E 42. I 545. 580. II 1362. 1367. 1423. 1517.
    A 1889. IV 3134. B 1690. 1951.
    E p i t h.: *fealu* (fahl) B 1951.

flôda begang (Bereich der Fluten) A 1498. 1827.

flôdes wylm (Wogen der Flut) B 1765.

flôda genipu (Nebel der Fluten) IV 2809.

7) *gð* (Welle, Meerflut) E 46. I 210. 534. 548. A 1908. 1910.
1919. B 421. 1133. 1488.

gða †gewealc (Wälzen der Wogen) I 464.

gða †geswing (Strudel der Wogen) A 849.

gða ful (Becher der Wogen) B 1209.

gð-gebland (Gemisch der Wogen) II 1374. 1594. 1621.

gð-gewin (Kampf der Wogen) IV 2413. B 1435. 1470.

*flôd-gð (Flutwoge) I 542.

*wäter-gð (Wasserwoge) B 2243.

8) *gâr-secg* (Spiessried [s. Leo S. 556,14 ff.], Ocean) E 49.
I 515. 537.

9) *geofon* (Meer) I 515 II 1395. B 1691.

geofones begang (des Meeres Bereich) I 362.

10) *wäter* (Wasser) I 509. 516. A 1905. 1990. B 2474.

    Epith.: *wid* (weit) B 2474.

        deóp (tief) I 509. A 1905.

        † *sealt* (salzig) A 1990.

wäteres hrycg (des Wassers Rücken) I 471.

wäteres wylm (des Wassers Wogen) B 1694.

11) *streám(as)* (Flut[en]) I 212. IV 2546. B 1262.

    Epith.: *ceald* (kalt) B 1262.

    †*brim-streám* (Meerflut) A 1911.

    †*eágor-streám* (Meerflut) I 513.

    †*lagu-streám* (Meerstrom) I 297.

    †*êg-streám* (ebenso) B 577.

12) **eolet* (Meer? [nach Grein: Seereise]) I 224.

13) **heáðu* (Hochfluth) A 1863.

14) †*heaf* (das sich immer höher erhebende [Leo]; [Meer]) B 2478.

15) †*wœg* (Welle, Flut) IV 3133.

16) †*lagu* (Meer, Woge) A 1631.

*lagu-stræt (Meerstrasse) I 239.

17) †*ford* (Furt) B 568.

    Epith.: *bront* (tosend) ib.

18) *wäd* (die zu durchschwimmende Meerflut [Heyne]) I 508.
546. 581.

    Epith.: *weallend* (wallend) I 546. 581.

19) *sioleða bigong (Bereich der Buchten) B 2368.

20) †hron-râd (Walfischstrasse) E 10.

21) †swan-râd (Schwanenstrasse) I 200.

22) *segl-râd (Segelstrasse) II 1430.

23) †ganotes bäð (des Tauchers Bad) A 1862.

II. Das Schiff.

a) Schiff.

1) scip (Schiff) E 35. I 302. A 1896. 1918. B 897. 1155.

    Epith.: *sîd-fäðme (mit geräumigem Schosse versehen)
        A 1918.

        *sîd-fäðmed (= sîd-fäðme) I 302.

2) naca (Nachen) I 214. 295. A 1897.

    Epith.: *sæ-geáp (geräumig für die See) A 1897.

        niw-tyrwed (neugeteert) I 295.

    *hring-naca (mit eisernen Ringen beschlagener Nachen)
        A 1862.

    *ýð-naca (Wogennachen) A 1904.

3) flota (Fahrzeug) I 210. 218. 294. 301.

    Epith.: fâmig-heals (schaumhalsig) I 218.

        fugle gelîcost (einem Vogel sehr ähnlich) I 218.

    †wæg-flota (Wogenfahrzeug) A 1908.

4) †fär (Fahrzeug) E 33.

5) ceól (Kiel; Schiff) E 38. I 238. A 1807. 1913.

    Epith.: bront (schäumend) I 238.

6) †bât (Boot) I 211.

    sæ-bât A 634. B 896.

7) wudu (das hölzerne Schiff) I 216. 298. A 1920.

    Epith.: bunden (gebunden, gezimmert) I 216.

        *wunden-hals (mit gewundenem Halse) I 298.

        wynsume (wonnesam) A 1920.

    sund-wudu (Meerholz, Meerbaum) I 208. A 1907.

    *sæ-wudu (Seeholz, Seeschiff) I 226.

8) *bunden-stefna (das mit gebundenem Steven versehene
    Schiff) A 1911.

    *wunden-stefna (das mit gewundenem Steven versehene
    Schiff) I 220.

    hringed-stefna (das am Steven mit Ringen beschlagene
    Fahrzeug) E 32. A 1898. B 1132.

Epith.: *isig and * ût-fûs (glänzend und zur Ausfahrt
gerüstet) E 33.

9) *gð-lida* (Wogengänger) I 198.

Epith.: *gôd* (tüchtig, trefflich) I 199.

10) *sœ-genga* (Seegänger) A 1883. 1909.

Epith.: *fámig-heals* (schaumhalsig) A 1910.

11) *brenting* (das tosende Schiff) IV 2808.

b) Teile des Schiffes.

1) *bearm* (Schooss) E 35. I 214. B 897.

2) *stefn* (Steven) I 212.

3) *mäst* (Mast) E 36. A 1899. 1906.

4) *segl* (Segel) A 1907.

5) *mere-hrägl* (Meergewand, Segel) A 1906.

VI.

Heorot (Hirschburg).

1) *sele* (Saal) E 81. I 323. 411 714. II 1017. A 920. 1641.

Epith.: *heáh* (hoch) I 714. II 1017. A 920.

heáh and † *horn-geáp* (hoch und von grosser
Ausdehnung zwischen den die Giebel krö-
nenden Hörnern) E 82.

sele Hróðgáres (der Saal Hróðgârs) I 827. B 2352.

*beáh-sele (Ringsaal) A 1178.

Epith.: *beorht* (glänzend) ib.

beór-sele (Biersaal) I 492. B 482.

dryht-sele (herrlicher Saal) I 768. B 485.

†*gäst-sele* (Gastsaal) II 995.

gold-sele (gumena) (Goldsaal [der Männer]) I 716. A 1640.
2084. B 1254.

Epith.: *fättum fáh* (von Goldplatten schimmernd) I 717.

*heáh-sele (Hochsaal) I 648.

hring-sele (Ringsaal) A 2011.

win-sele (Bewirtungs-Saal, Gastsaal) I 696. B 772.

*gúð-sele (Kampfsaal) I 443.

2) *säl* (bewohnbarer Raum; Saal, Halle) I 307. A 2076. B 167.

Epith.: *timbred* (gezimmert) I 307.

geatolic and gold-fáh (schmuck und goldglänzend) I 308.

sinc-fáh (von Kleinoden schimmernd) B 167.

3) *reced* (Wohnung, Gebäude) I 326. 721. 725. 729. 771.
   II 1238. A 1800.

   Epith.: *geáp and gold-fáh* (geräumig und goldglänzend)
   A 1801.

   betlic and bán-fág (vorzüglich und knochenbunt
   [mit Hirschgeweihen geschmückt?]) I 781.

   reced sélesta (das beste Gebäude) I 412.

   †*fore-mærost receda* (das vorzüglichste der Gebäude) I 309.

   heal-reced (Hallengebäude) E 68.

   horn-reced (Horngebäude) B 705.

   win-reced (Bewirtungshaus) I 715. II 994.

4) *heal* (Halle) E 89. I 389 (?). 664. II 1289. A 615. 643.
   926. B 1010. 1215.

   gif-heal (Lehenhalle, Gabenhalle) II 839.

   medo-heal (Methhalle) A 639. B 484.

5) Composita von *ärn* (Haus):

   heal-ärn (Hallengebäude) E 78.

   heal-ärna mæst (das grösste der Hallengebäude) ib.

   medu-ärn (Methhaus) E 69.

   Epith.: *micel* (gross) ib.

   win-ärn (Bewirtungsgebäude) I 655.

   þryð-ärn Dena (vorzügliches Haus der Dänen) I 658.

6) *hús* (Haus) E 116.

   Epith.: *heáh* (hoch) ib.

   húsa sélest (das beste der Häuser) E 146. I 285. 659. A 936.

7) *heal-wudu* (Hallholz, Halle [Heyne]) II 1318.

8) *bold* (Bau) B 998.

   Epith.: *beorht* (glänzend) ib.

   fold-bold (Erdbau, Bau auf der Erde) B 774.

   Epith.: *fäger* (schön) ib.

9) †*säld* (Halle) II 1281.

10) *folc-stede* (Ort einer Kriegerschaar) E 76.

11) *leóda * land-geweorc* (der Leute Herrscherburg) A 939.

12) *hof* (Hof, Herrscherhof) I 312 *(módigra* der Mutigen)
    A 1975.

    Epith.: *torht* (glänzend) I 313.

VII.

Geselliges Leben.

I. Gastmahl und Gelage.

1) *syml (symbel)* (Versammlung, Gastmahl) E 81. 119. I 489.
II 1233. A 620. 2105. B 1009. 1011. 2432.
2) *beór-þegu* (nach Leo: Bierspende; nach Heyne: Biergelage)
E 117. A 618.

II. Gesang. Sänger. Harfe.

a) Gesang.

1) *sang* (Gesang) B 90. II 1064.
Epith.: *swutol* (hell) B 90.
2) †*leóð* (Lied) B 1160.
3) †*gleó-mannes gyd* (des Harfners feierliche Rede) A 1161.

b) Sänger.

1) *scóp* (der Dichter, Sänger) I 496. B 90. 1067.
2) †*gleó-man* (Mann der gesellschaftlichen Unterhaltung) A 1161.

c) Harfe.

1) *hearpe* (Harfe) E 89. B 2108. 2263. 2459. 3024.
2) *gomen-wudu* (Lustholz) II 1066. B 2109.
3) *gleó-beám* (Baum der gesellschaftlichen Unterhaltung) B 2264.

Zweiter Teil.

Besprechung der im ersten Teile verzeichneten Synonyma.

Erstes Kapitel.

Ueberirdische Wesen.

Was uns hier am meisten beschäftigen wird, ist die Frage, ob die von B gebrauchten Worte und Ausdrücke sich wesentlich von denen der anderen Verfasser unterscheiden. Da nämlich nach Müllenhoff's Annahme B ein Geistlicher war und das Gedicht durch viele theologische Zusätze bereichert hat, kann man jedenfalls annehmen, dass er sich zur Bezeichnung überirdischer Wesen fast ausschliesslich solcher Worte bedient habe, welche in hohem Grade christliche Färbung tragen. Unsere Aufgabe wird es demnach wol sein, derartige Worte ausfindig zu machen und zu untersuchen, ob sie sich nur bei B oder auch bei den anderen Verfassern des Beówulfsliedes, welche Müllenhoff annimmt, vorfinden.

§ 1. Gott.

Die nächst *god* gebräuchlichsten Bezeichnungen Gottes sind *dryhten* und *metod*. *Dryhten* ist ein dem Heidentum entnommenes Wort und bedeutet „Herr des Gefolges, Kriegsherr," in christlicher Übertragung also wol „Herr der Heerschaaren"; *metod* heisst „der Messende, Ordnende." Als Schöpfer der Welt heisst Gott *scyppend*, als deren Lenker und Regierer *waldend*, *alwalda*, *freá* etc. Gottes Ruhm und Herrlichkeit preisen die Benennungen *wuldur-cyning*, *kyninga wuldor* etc.;

Gottes Allmacht drückt *se älmihtiga* aus. Gott als Richter der Menschen am jüngsten Tage wird *dæda démend* genannt. Man vergleiche den trefflichen Aufsatz von Artur Köhler: Germanische Altertümer im Beówulf. Germania XIII, S. 129 ff.

Dass die angeführten Benennungen und Epitheta Gottes sich besonders häufig bei B vorfinden, ist nicht auffällig, wenn man berücksichtigt, dass diesem Verfasser sehr viele Stellen, welche geistliches, erbauliches Gerede enthalten, zugeschrieben werden.

Zu 1. Das Epitheton *hálig* findet sich, mit *god* verbunden, nur in B vor, in Verbindung mit *dryhten* dagegen im ersten Liede, siehe 2. Ebenso steht *mihtig* als Epitheton ornans zu *god* nur in Versen, welche dem Interpolator B zugehören, dagegen als Epitheton zu *dryhten* im II. Liede, siehe 2.

Zu 2 und 3. Dass sich *god* in der Einleitung nur einmal, *dryhten* und *metod* gar nicht vorfinden, ist leicht erklärlich. Von den 193 Versen, aus denen die Einleitung überhaupt besteht, sind 67 dem Interpolator B zugewiesen worden. Diese sind aber meistens religiösen Inhaltes, und in ihnen finden sich die betreffenden Worte *(dryhten* und *metod)* vor.

Zu 4. Wuldres waldend ist ausschliessliches Eigentum von B, in dessen Versen es dreimal angewendet wird. Der Bedeutung nach jenem Ausdrucke vollständig entsprechend ist *wuldres hyrde* (Nr. 12), welches in A steht.

Zu 5. Freá auf Gott bezogen findet sich nur in der Einleitung vor; B aber kennt das Compositum *lif-freá* und der Dichter des vierten Liedes gebraucht den Ausdruck *freá ealles.*

Zu 7. Scyppend ist ein ἅπαξ λεγόμενον, und zwar gehört die Stelle, an welcher es sich vorfindet, nach Müllenhoff dem Interpolator B an. Betrachten wir sie etwas genauer. In Vers 92—98 (siehe Bemerkungen zu 9) ist von der Schöpfung der Welt erzählt worden. Dann wird von dem Jubel der Dänen in der Halle Heorot berichtet (V. 99 f.) und die bevorstehende Störung desselben durch Grendel angedeutet. Grendel wird uns darauf etwas näher vorgeführt (V. 102 ff.). Er muss in Sümpfen und schwer zugänglichen Orten hausen, weil ihn der Schöpfer geächtet hat (V. 102). — Vielleicht hat nun wol die Erinnerung an die Verse 92—98 den Dichter bewogen, Gott V. 106 die Benennung *scyppend* zu geben. Damit würde denn jenes ἅπαξ λεγόμενον seine Erklärung finden.

Zu 8. *Alwalda* (II und A) und *anwalda* (B) sind synonym. Man vergl. Nr. 6, *fäder alwalda* (I).

Zu 9. Von besonderer Wichtigkeit ist *se älmihtiga*, weil es die einzige Benennung Gottes ist, welche den bestimmten Artikel führt. Hierzu bemerkt Lichtenheld (Das schwache Adjectiv im Angelsächsischen. Haupt's Zeitschrift für deutsches Altertum, Neue Folge, Bd. IV, S. 342): „Dieses Reden von einem *älmihtig* κατ'ἐξοχήν konnte erst mit dem Monotheïsmus des Christentums aufkommen. Der Artikel erscheint nur h i e r, an einer Stelle, die dem Interpolator B angehört, der unter den verschiedenen Bearbeitern des Beówulf der letzte und zugleich von den Ideen des Christentums am meisten erfüllt ist. So verrät sich durch den Artikel hier der Interpolator." Gleich darauf fügt Lichtenheld hinzu, dass B im übrigen den bestimmten Artikel bei Benennungen Gottes mit derselben Zurückhaltung anwende, wie die übrigen Dichter des Beówulfsliedes. — Dass durch den bestimmten Artikel *se* vor *älmihtig* der Monotheïsmus scharf ausgeprägt wird, lässt sich nicht bestreiten. Doch kann Lichtenheld's Grund, die Verse 91—101 deswegen einem geistlichen Interpolator zuzuschreiben, nur dann stichhaltig sein, wenn sich erweisen lässt, dass nur bei B die monotheïstische Anschauung des Christentums besonders deutlich zum Ausdruck gelangt. Dieses ist aber nicht der Fall, vielmehr zeigt sich der Monotheïsmus des Christentums auch bei anderen Verfassern, denen Müllenhoff das Beówulfslied zuschreibt. So z. B. in *alwalda* (im ersten und zweiten Liede und in A), in *freá ealles* (im vierten Liede) und in anderen Benennungen Gottes. — Auch Hornburg hat auf diesen Punkt aufmerksam gemacht.

Noch eins liesse sich vielleicht gegen Lichtenheld vorbringen. Wenn in Vers 92 von einem Wesen, das *älmihtig* κατ'ἐξοχήν genannt wird, die Rede ist, so war die betreffende Stelle meiner Ansicht nach ganz hiernach angethan. Es wird uns die Schöpfung der Welt und ihrer Pracht geschildert als eine Verherrlichung von Gottes Allmacht. Wenn der Dichter bei dieser Gelegenheit Gott die Benennung *se älmihtiga* gab, so hätte er keine glücklichere Wahl treffen können. Wegen der hohen dichterischen Schönheit, welche die Verse 91—98 zeigen, wird man sie nur ungern dem Interpolator B, dem

Müllenhoff doch sonst nur wenig poetisches Talent zuerkennt, beilegen wollen.

Das Wort *sige-hrêðig* (V. 94) kann als ein Epitheton zu *se älmihtiga* aufgefasst werden. Es findet sich nur einmal auf Gott, dagegen II 1598 auf Beówulf (siehe II, I, C, 45) und IV 2757 auf Wiglâf (siehe II, V, C, 9) angewendet. Köhler (Germania XIII, S. 184) nennt es eine heidnische Reminiscenz, wenn Gott das Epitheton *sige-hrêðig* erhält. Ist dieses richtig, so hätten wir an der betreffenden Stelle die auffällige Erscheinung, dass das Wort, welches am schärfsten den Monotheïsmus hervorhebt, ein dem Heidentum entnommenes Epitheton erhält. Dieses würde doch jedenfalls gegen die Annahme eines geistlichen Interpolators sprechen. Aber selbst angenommen, das Wort *sige-hrêðig* sei in christlichem Sinne aufzufassen, indem nämlich der Verfasser der betreffenden Stelle, weil er von der Schöpfung der Welt erzählt, an den der Erschaffung der Erde und der Menschen vorhergehenden Kampf Gottes und der himmlischen Heerscharen gegen die Teufel gedacht haben könnte, so würden wir hier dieselbe Erscheinung haben, welcher wir bereits bei dem Worte *dryhten* begegnet sind, dass nämlich ein dem Heidentum entnommenes Wort christliche Färbung erhalten hat.

Zu 10 und 11. Die hier verzeichneten Ausdrücke *kyninga wuldor* (B) und *wuldur-cyning* (IV) sind der Bildung und Bedeutung nach einander verwandt.

Zu 13. Mit *sigora sôð-cyning* (B) lässt sich einmal *sigora wealdend* (IV; siehe 4), dann aber auch das Epitheton *sôð*, welches *metod* in A erhält (siehe 3), vergleichen.

Zu 14 und 15. *Heofena helm* und *rodera rœdend* sind ausschliessliches Eigentum von B. Auch wüsste ich kein Wort in den anderen Teilen des Gedichtes, welches ihnen entspräche. Ueber diesen Umstand wird man vielleicht hinwegsehen können, zumal da die genannten Bezeichnungen Gottes sich an Stellen vorfinden, welche geistliches Gerede enthalten und eine gewisse Mannigfaltigkeit im Gebrauche der Benennungen des höchsten Wesens nötig machten.

Zu 16. Der Bedeutung nach dem *manna gehyld* (B) nahestehend sind *ylda waldend* (A) und *waldend fira* (IV). Siehe 4.

Zu 17. Das Wort *ágend* als Bezeichnung Gottes steht einzig in seiner Art da. Ob es überhaupt auf Gott zu beziehen ist, lässt sich nicht genau bestimmen, da V. 3075 f. nicht recht klar sind und verschieden gedeutet werden.

Zu 18. *Dœda dêmend* ist eine der betreffenden Stelle angepasste Benennung Gottes. Der Dichter stellt V. 179—188, wie Müllenhoff (H. Z. XIV, S. 197) recht treffend bemerkt, die Dänen als Candidaten der Hölle dar, weil sie Gott den Herrn, den Richter der Thaten, in dessen Armen der Gute nach seinem Tode ein Asyl erflehen kann, nicht kannten. — Von Gottes Gericht ist im Verlaufe des Gedichtes noch öfter die Rede. So spricht B 3070 von dem *dômes dǣg*, so wird aber auch im II. Liede V. 979 das *micle dôm* erwähnt, worunter nur das jüngste Gericht verstanden werden kann. Von dem Ende der Welt *(woruld-ende)* redet das IV. Lied (V. 3084).

§ 2. Grendel.

Grendel ist „Gottes Widersacher" *(godes andsaca,* Nr. 1). Wie man aus dem Verzeichnisse ersieht, hat es dem Dichter (resp. nach Müllenhoff den Dichtern) nicht an Ausdrücken gefehlt, um uns Grendels Wesen zu veranschaulichen, doch ist ihm (ihnen) meiner Ansicht nach nicht gelungen, uns ein klares Bild von Grendel zu geben. Das Unheimliche in Grendels Erscheinung schildern unter anderen die Benennungen *gǽst* und seine Composita, dann *aglœca,* vor allem aber *déad-scûa.* Den boshaften, tückischen Character des Unholdes heben *feónd, sceaða, dœd-hata, lâð-geteóna* etc. hervor. Noch andere Worte, wie *án-gengea, werig gǽst,* beziehen sich auf Grendels ruhe- und friedloses Wesen. Etwas Näheres wird sich bei der Betrachtung der einzelnen hierher gehörigen Ausdrücke ergeben.

Zu 2. *Helle gǽst,* sowie die ebenfalls nur in B sich vorfindenden Bezeichnungen *feónd on helle* und *feónd man-cynnes* tragen speciell christliches Gepräge, weil sie Grendel mit dem Teufel in Zusammenhang bringen. Aus diesen Worten aber auf einen geistlichen Interpolator des Beówulfsliedes zu schliessen, ist darum nicht möglich, weil Grendel an echter Stelle des ersten Liedes (V. 789; siehe 35) *helle hǽft* heisst und weil A 853 Grendels Wohnung *hel* nennt.

Durch *se ellen-gœst* wird Grendel eingeführt, L i c h t e n -
h e l d (H. Z. N. F. IV, S. 339) fasst den Artikel hier als einen
solchen auf, welcher andeute, dass der Begriff, den das Substantiv enthält, im Verlaufe der Erzählung bereits genannt sei.
Bei *se ellen-gœst,* meint Lichtenheld, müsse der Artikel be-
fremden; man könne ihn aber doch erklärlich finden, wenn man
berücksichtige, dass die Einleitung ihren eigenen Verfasser habe,
welcher sie den beiden ersten Teilen des Gedichtes hinzugefügt
hätte. Ihm habe Grendel als so bekannt vorgeschwebt, dass er
durch den Artikel bei der Einführung Grendels in das Gedicht
seine Bekanntschaft mit den beiden ersten Teilen desselben so-
fort verraten habe. — Ich kann Lichtenheld's Ausführungen nicht
zustimmen, glaube vielmehr, eine weniger gezwungene Erklärung
des Artikels bei *ellen-gœst* geben zu können. Allerdings drückt
der Artikel aus, dass der *ellen-gœst* als bekannt hingestellt
werden soll. Doch schon V. 87 giebt uns der Dichter in dem
Satze *se þe in þystrum bâd* nähere Auskunft über das in Frage
kommende Wesen, V. 102 nennt er endlich seinen Namen. Der
Dichter der Einleitung verfährt hier gerade so, wie der des
ersten Liedes, welcher Beówulf mit folgenden Worten ein-
führt (V. 194 f.):

> *þät fram hâm gefrägn Higelâces þegn,*
> *gôd mid Geátum, Grendles dœda.*

Er setzt dabei, wie Müllenhoff, H. Z. XIV, S. 197 bemerkt, als
bekannt voraus, wer *Higelâces þegn, gôd mid Geátum* ist, und
giebt erst später nähere Aufschlüsse über den Helden.

Das Epitheton *se ellor-gœst* kommt auch Grendels Mutter
zu, ebenso *wäl-gœst.* Siehe I, III,1 und 2.

Geósceaft-gâst, welches verschieden gedeutet wird, ist jedenfalls ein Wort von stark christlicher Färbung, das aber
durch den Inhalt der betreffenden Stelle bedingt wird. Die
geósceaft-gâstas sind Unholde, welche von Kain abstammen
(an einem anderen Orte, V. 111, wird alles Ungezücht, dessen
Ahnherr Kain ist, *untydras* genannt); einer derselben war (V.
1267) auch Grendel. Siehe Bemerkungen zu V und Schlussbemerkungen zu diesem Kapitel.

Die Bezeichnung Grendels als „Geist" ist jedenfalls eine
theologische. (Siehe R i e g e r: Zum Beówulf. Zeitschrift für
deutsche Philologie. Bd. III, S. 383); sie findet sich an echten,

wie an interpolierten Stellen vor. Die Sage würde ihren Ge-
stalten jedenfalls nicht derartige Epitheta beigelegt, sondern
ihnen Fleisch und Blut verliehen haben.

Statt *gœst* will Rieger a. a. O. stets *gäst* setzen, wodurch
gäst und seine Composita ausschliessliches Eigentum von B
würden. Doch heisst es im II. Liede, V. 1356 ff., man wisse
nichts von Grendels Vater, noch ob diesem früher einer der
düstern Geister geboren worden sei. Rieger, der diese Stelle
ebenfalls citiert, meint nun, Grendels Materialität bliebe durch
seine Zugehörigkeit zu den finstern Geistern trotzdem gewahrt.
Wie dieses der Fall sein soll, vermag ich nicht recht ein-
sehen.

Zu 3. *Gäst* heisst Grendel, weil er den Dänen eine seltsame Erscheinung ist, ihnen fremd gegenübersteht. Ebenso
nennt das zweite Lied Grendel *uncûð* (siehe Nr. 36).

Zu 4 und 5. Die Worte *feónd* und *sceaða* heben Grendels
Gott und den Menschen feindselige Stellung hervor. Noch
stärker thun dieses die Composita von *sceaða, dol-scaða, syn-
scaða. mân-scaða, hearm-scaða,* namentlich *leód-sceaða.*

Zu 6. *Mearc-stapa* ist ein mythischer Ausdruck und nimmt
Bezug auf die Wohnung Grendels in Sümpfen und schwer zugänglichen Orten, die nur die Grenzen derselben, d. h. die
Ränder der Moore, zu beschreiten erlaubt. Dieselbe Benennung
führt auch Grendels Mutter, siehe III,4. Über die beiden
Epitheta, von denen *mearc-stapa* begleitet ist, siehe Bemerkungen zu Nr. 18 f. und Nr. 29. — Ein ähnliches Compositum, wie *mearc-stapa* ist *hæð-stapa* (der Heidestapfer,
Hirsch) II 1369.

Zu 7. *Ân-gengea* heisst Grendel nur bei B. Ebenso gehört auch das Compositum *sceadu-genga* dem Interpolator B
zu. Ein anderes Compositum von *geng(e)a* ist *sæ-genga*, eine
Benennung des Schiffes (siehe V, II, 10), welche sich im III.
Liede (bei A) vorfindet. — *Ân-gengea* bezeichnet Grendels un-
stätes, flüchtiges Wesen, das auch sonst verschiedentlich im
Gedichte zum Ausdrucke gelangt. So nennt I Grendel *dreámum
bedæled* (Nr. 41), A *dreáma leás* (ib.), II *earm-sceapen* (Nr. 37).
So nennt ihn ferner B einen *wan-sælig wer* (Nr. 27), einen
werig gâst (Nr. 2), ferner *dreáme bedæled* (Nr. 41) etc.

Zu 8. Zu *aglœca* (E, I, II und B) ist folgendes zu bemerken. Das Wort ist jedenfalls christlichen Ursprunges, einmal, weil es Grendel als einen bösen Geist bezeichnet, dann aber auch, weil in anderen angelsächsischen Gedichten, z. B. Jul. 268, El. 902 *aglœca* oder *atol aglœca* den Teufel bedeutet. — Ein ziemlich häufiges Epitheton von *aglœca* ist *atol,* das sich in der Einleitung ein Mal, im ersten Liede 3 Mal mit *aglœca* verbunden vorfindet. A belegt *œfen-grom* (Nr. 24), B *án-gengea* (Nr. 7) mit dem Beiworte *atol.*

Zu 9. Wenn irgend eine Benennung Grendels, so trägt *hœðen* in hohem Masse christliche Färbung. Man sollte also erwarten, dieses Wort gehöre dem Interpolator B an, der von den verschiedenen Verfassern des Beówulf (nach Müllenhoff) am meisten von den Ideen des Christentums durchdrungen ist. Aber gerade dieses Wort steht an echter Stelle des II. Liedes. Auch A nennt Grendel einen Heiden, indem er V. 853 sagt, Grendel habe seine heidnische Seele *(haeðene sáwle)* ausgehaucht.

Zu 10 und 11. Die grausige Seite in Grendels Wesen heben wol am stärksten *wiht unhœlo* und *deðð-scúa* hervor, namentlich jedoch letzteres. Beide finden sich nur in der Einleitung, was aber nichts Auffälliges an sich trägt. Gerade in der Einleitung, wo die durch den Unhold angerichteten Verwüstungen besonders ausführlich und zum Teil auch besonders lebhaft geschildert werden, musste der Dichter sich zur Bezeichnung Grendels der stärksten Worte bedienen, welche ihm seine Sprache hierzu darbot. — Durch die Epitheta *grim and grœdig* (vergl. auch *se grimma gäst* unter Nr. 3), *reóc and rêðe* wird der Begriff *wiht unhœlo* noch verstärkt.

Zu 12 und 13. *Dœd-hata* (I), welches verschieden gedeutet wird (siehe Verzeichnis I, II, 12), und *dœd-fruma* (A) sind zwei ihrer Bedeutung nach verschiedene, ihrer Bildung nach verwandte Composita. Der erste Bestandteil ist bei beiden *dœd* (That). Ueber die Epitheta, mit welchen die beiden Worte verbunden erscheinen, ist nichts zu bemerken.

Zu 14. Das Wort *lâð-geteóna* findet sich auch B 559 vor, und zwar werden daselbst die Ungeheuer, welche Beówulf auf dem Meere hart zusetzen, so genannt.

Zu 15 und 16. Das Wort *heal-þegn* (E) als Benennung

Grendels bedarf einer Erklärung. Wenn Grendel ein Halldegen
genannt wird, so soll damit gesagt werden, dass er die Halle
Heorot gleichsam besetzt hält, indem er sie des Nachts unsicher
macht und auf diese Weise die Dänen daraus vertrieben hat.
— Auch Beówulf und seine Gefährten heissen *heal-þegnas*
(I, V. 720), als sie die Halle Heorot bewachen, mutig das
grausige Scheusal erwartend. Aehnlich werden auch (siehe 16)
Beówulf und Grendel *rêðe rên-weardas* genannt, als sie um die
Behauptung der Halle Heorot ringen.

Zu 17. Die Epitheta *rinc* und *hilde-rinc* heben Grendels
streitbare Seite hervor. Ein Krieger ist Grendel aber nur
insofern, als er mit den Dänen im Kampfe liegt, und welcher
Art dieser Kampf war, ist genugsam bekannt. Wenn ferner
(s. 31) Grendel das ehrende Epitheton *heaðo-deór* erhält, und
zwar in Gemeinschaft mit Beówulf, so ist dieses nur dem Um-
stande zuzuschreiben, dass an der betreffenden Stelle Grendel
mit einem wirklichen Helden im Kampfe liegt.

Zu 18 und 19. Hier wird Grendels übernatürliche Erscheinung in anderer Weise zum Ausdruck gebracht, als es in
den bisher erwähnten Epithetis geschah. Während diese, *gást,*
aglæca, deáð-scúa etc. mehr das schaurige, gespenstige Wesen
Grendels bezeichnen, beziehen sich *eoton* (I und B) und *þyrs*
(II) auf die übermenschliche Grösse und unheimliche Körperkraft desselben. Wenn Grendel ein Riese genannt wird, so
wird damit auch seine Verwandtschaft mit den *eotenas,* von
denen B 111 ff. die Rede ist, bekundet; siehe § 5. — Grendels
gewaltige Erscheinung veranschaulicht auch *micel,* ein Epitheton
ornans, welches *mearc-stapa* (siehe 6) erhält; auf seine übernatürliche Körperkraft deuten auch *róf* und *mägenes róf* (Nr.
30) hin.

Zu 20—23 wüsste ich nichts zu bemerken. Die beiden
ἅπαξ λεγόμενα, welche sich unter ihnen finden, haben nichts
Auffälliges an sich.

Zu 24. Dem *œfen-grom* (A) lässt sich das bei B sich
vorfindende Wort *sceadu-genga* (Nr. 7) an die Seite stellen.

Zu 25. Die Erklärung von *bana blôðig-tóð* ergiebt der
Zusammenhang, in welchem jenes sich befindet. Beówulf erzählt seinem Verwandten Hygelác, wie Grendel den Hondscíó'
einen von Beówulfs Mannen, getötet und verschlungen und dann

„ein Mörder mit blutigem Zahne" auch ihn, Beówulf, ergriffen habe, um ihm das nämliche Schicksal zu bereiten.

Zu 28. Eine eigentümliche Benennung Grendels ist *heoro-wearh* (der dem Schwerte verfallene). Es steht im Widerspruche mit dem im ersten Liede, und zwar an interpolierten Stellen desselben, öfters ausgesprochenen Gedanken, dass man Grendel mit menschlichen Schwertern nicht beizukommen vermöge. Man könnte diesen Widerspruch einigermassen dadurch erklären, dass von Grendel ja auch gesagt wird, er sei geächtet; wie jeder Geächtete als dem Schwerte verfallen gegolten habe, so auch Grendel, trotzdem gegen diesen menschliche Waffen machtlos gewesen seien. — Grein übersetzt *heoro-wearh* mit „lupus sanguinarius", Simrock mit „Heerwolf". Mir scheint Simrock's Deutung die passendste zu sein, und zwar aus folgenden zwei Gründen. Eine Verwechselung von *heoru* mit *here* scheint, wie Heyne in seinem Glossar zu *heoru* bemerkt, bei einzelnen Compositis von *heoru* vorgekommen zu sein, kann also auch bei *heoro-wearh* stattgefunden haben. Dann aber auch wird Grendels Mutter eine Wölfin, eine *wyrgen* (siehe III,10) genannt, so dass die Bezeichnung ihres Sohnes als „Wolf" nicht unpassend sein würde.

Zu 29. *Mœre,* wozu man auch Nr. 6 vergleiche, auf Grendel bezogen, hat eine böse Bedeutung und ist durch „berüchtigt" zu übersetzen.

Zu 32—34. Die hier genannten Epitheta Grendels beziehen sich auf die boshafte, tückische Seite in dessen Character. Am schwächsten unter ihnen ist *wráð,* am stärksten *inwit-þanc,* beide in I, ersteres auch in B.

Zu 38—40. *Wêrig-mód* und *tîr-leás,* sowie *fyl-wêrig* II, 963, siehe 4) beziehen sich auf Grendels Erschöpfung nach dem Empfang der tötlichen, von Beówulf ihm beigebrachten Wunde und auf sein ruhmloses Ende. Die beiden ersten gehören A an, der uns (die betreffenden Begebenheiten erzählend) nicht ohne Geschick von den Anzeichen, welche auf Grendels Tod hindeuten, berichtet. — Zu *wêrig-mód* vergleiche II, I, C 43. — Zu *gûð-wêrig* (Nr. 39), welches sich an einer von A interpolierten Stelle des II. Liedes vorfindet und sich ebenfalls auf Grendels Ende bezieht, ist nichts zu bemerken.

Zu 41 vergleiche die Bemerkungen zu Nr. 7.

4

§ 3. Grendels Mutter.

Vergleichen wir die Benennungen, welche Grendels Mutter erhält, mit denjenigen Grendels, so finden wir zwischen ihnen vielfache Uebereinstimmung. Gemeinsam sind beiden Unholden *ellor-gœst, wäl-gœst, mân-scaða* und *mearc-stapa.*

Zu 1. Ellor-gœst führt einmal das Beiwort *œttren* (giftig). Grendels Mutter wird so genannt, weil das Riesenschwert, mit dem Beówulf ihr das Haupt abgeschlagen hat, in ihrem heissen, giftigen Blute schmilzt, und zwar, wie es in einem hübschen Gleichnisse (A 1609—22) veranschaulicht wird, „dem Eise gleich, wenn des Frostes Bande der Vater (Gott) löst, die Fesseln der Flut bricht". — Man vergleiche mit *œttren* das Wort *âttor-sceaða,* eine Benennung des Drachen (IV, 3), und Bemerkungen dazu.

Zu 2. Das Epitheton *wäfre,* welches *wäl-gœst* erhält, bezieht sich auf das gespensterhafte Wesen von Grendels Mutter.

Zu 5. Statt *sinnig secg* hat die Handschrift *fela-sinnig secg* (siehe Wülcker, a. a. O. S. 69, Z. 2 v. u.), welches von Heyne aus Rücksicht auf die Alliteration (Anmerkungen zum Beówulf, S. 96) in *sinnig secg* geändert ist. *Sinnig* braucht an dieser Stelle nicht gerade in religiösem Sinne (= sündhaft) aufgefasst zu werden, sondern kann auch einfach durch „frevelhaft" wiedergegeben werden. — Dass Grendels Mutter eine männliche Benennung erhält, muss auf den ersten Blick auffallen. Diese Eigentümlichkeit ist jedoch in dem Wesen der Unholdin begründet. Sie ist nur insofern ein Weib, als sie einen Sohn geboren hat, trägt aber in ihrer unheimlichen Kraft und Wildheit mehr von einem Manne an sich. So erklärt sich auch das Schwanken zwischen den Pronominibus *heó* und *he,* wenn von Grendels Mutter die Rede ist. Siehe Heyne, Ausgabe des Beówulf, S. 95, Anmerkungen zu XX.

Zu 6. Ides aglœc-wíf erinnert an *aglœca,* II, 8.

Zu 8. Wíf unheóre entspricht verschiedenen Benennungen des Drachen, siehe IV, 5 und 9.

Zu 11. Von *grund-hirde* gilt dasselbe, was vorhin von *sinnig secg* gesagt worden ist.

Zu 12. Das Epitheton *atol* kommt auch Grendel zu, siehe II, 7, 8 und 24. Wenn Grendels Mutter *œse wlanc* genannt wird, so bezieht sich dieses auf den Mord Äscheres.

Zu 13, *grim and grædig* (A) vergleiche man II, 11, wo derselbe Ausdruck steht und in E seine Belegstelle hat.

Zu 14. *Gifre* als Simplex findet sich nur in B vor, und zwar ausser der unter 14 angeführten Stelle noch V. 1124, wo die Lohe *gæstra gifrost* genannt wird. A kennt das Compositum *heoru-gifre*, siehe 15.

§ 4. Der Drache.

Auch der Drache, der uns im vierten Liede entgegentritt, wird mit einer Fülle von Benennungen und Beiwörtern bedacht. Die am häufigsten vorkommenden Bezeichnungen desselben sind *wyrm* und *draca*, welche sich an echten, wie an interpolierten Stellen ziemlich gleichmässig verteilt vorfinden.

Drei Eigentümlichkeiten sind es, welche den Drachen besonders auszeichnen, nämlich erstens, dass er Feuer speit, dann, dass er in der Luft umherfliegt, endlich, dass er einen Schatz hütet. Ein mordbrennerisches Treiben kann nach Müllenhoff (der Mythus im Beówulf, Haupt's Zeitschrift für deutsches Altertum VII, 428) nur eine entartete Sage dem Drachen zugeschrieben haben, ebenso sei die Vorstellung von dessen Umherfliegen in der Luft undeutsch. Dass Drachen als Hüter eines Schatzes aufgefasst werden, — meint Müllenhoff — entspreche dagegen vollständig dem Bilde, welches sich die Deutschen von jenen Ungetümen geschaffen hätten.

Der Drache im Beówulf ist demnach das Erzeugnis einer bereits entarteten Sage. Sehen wir nun zu, ob diese entartete Vorstellung von dem Drachen durch den Interpolator B, der uns ausführlich erzählt, welche Verwüstungen der Drache anrichtet, als er Feuer speiend die Luft durchfliegt, eingeschleppt worden ist, oder ob sie auch das vierte Lied kennt.

Zu 1. Dass der Drache Feuer gespieen habe, wird ausgesprochen durch die bei B sich vorfindenden synonymen Bildungen *lîg-draca* und *lêg-draca*, das dem IV. Liede eigentümliche *fŷr-draca* und die Adjectiva *byrnende* (IV und B) und *hât* (B), siehe 16 und 17. Dieselbe Vorstellung kehrt auch sonst im ganzen Gedichte wieder; Belegstellen anzuführen ist überflüssig.

Die Benennung *eorð-draca* führt das Ungetüm, weil es in

4*

einem Erdsaale haust, wie wir aus verschiedenen Stellen des Gedichtes, so B 2411, IV 2516, erfahren.

Das Epitheton *nacod,* welches *nið-draca* erhält, lässt uns vielleicht schliessen, dass den Drachen im Beówulf kein „schuppicht Panzerhemd" umfasste, wie das Ungetüm in dem bekannten Gedichte von Schiller. Doch ich spreche dieses nur als Vermutung aus.

Zu 3. Áttor-sceaða (B) bezeichnet den Drachen als giftiges Wesen, eine Vorstellung, welche nach Müllenhoff dem Mythus entspricht. Die Verwechselung von Gift und Feuer mag nach Müllenhoff (a. a. O. S. 428) die Vorstellung von dem Feuerspeien des Drachen bewirkt haben. — „Giftig" wird übrigens auch Grendels Mutter genannt, siehe III,1, und vielleicht findet auch in dem Bilde, welches uns von ihr gegeben wird, eine Verwechselung, wenigstens eine Berührung von Gift und Feuer statt, wenn im II. Liede und in A erzählt wird, dass das Riesenschwert von dem heissen Blute des giftigen *ellor-gæst* (siehe Bemerkungen zu III,1) geschmolzen sei.

Die Benennung *mán-sceaða* hat der Drache mit Grendel (siehe II,5) und mit dessen Mutter (III,3) gemein. *þeód-sceaða* ist synonym mit *leód-sceaða,* welches Grendel zukommt, siehe II,5.

Zu 4. Die Composita von *floga* finden sich fast ausschliesslich bei B vor. Dieses hat aber z. T. seinen Grund darin, dass die Erzählung von den Verwüstungen, welche der Drache angerichtet hat, als er, empört über die Entwendung eines Kleinodes, brennend (s. 16) die Luft durchfliegt, B zugeschrieben wird; in diese Erzählung fallen zwei von den Belegstellen der Composita von *floga,* welche B angehören, nämlich V. 2316 und 2347. Aber auch der Dichter des vierten Liedes bezeichnet den Drachen als einen „Flieger", und zwar durch das Compositum *gûð-floga.*

Zu 5 und 6 wüsste ich nichts zu bemerken. Die hier verzeichneten Wörter und Ausdrücke beziehen sich darauf, dass der Drache einen Berg und einen darin verborgenen Schatz bewacht.

Zu 7 vergleiche man II,3, wo auch Grendel ein *gäst,* ein Fremdling, genannt wird, und zwar in E.

Zu 8 siehe II,4.

Zu 10 verweise ich auf II,22. Hier steht *ferhð-geniðla* als eine Benennung Grendels im zweiten Liede.

Zu 11. Ein dem *ferhð-geniðla* synonymes Wort ist *ealdorgewinna*, das sich in B vorfindet.

Zu 12. Zu *aglœca* in der Bedeutung „böser Geist, Dämon" sehe man II,8. — Das Epitheton *aglœca* „Krieger" führt der Drache in Gemeinschaft mit Beówulf.

Zu 13. Auch *gûð-freca*, Nr. 13 bezeichnet den Drachen als „Kämpfer."

Zu 14. Dem *hring-boga* verwandt ist *woh-bogen*, ein Wort, welches B zukommt, siehe 2. Siehe ferner 17.

Zu 15. *Syllicra wiht* ist gerade kein Wort von hoher dichterischer Schönheit und tritt gegen die übrigen, meist recht bezeichnenden Benennungen des Drachen ganz bedeutend zurück. Der Dichter des vorhergehenden Teiles des vierten Liedes würde, nachdem er bereits so viel von dem Drachen berichtet und diesen genauer beschrieben hat, V. 3039 den Unhold jedenfalls nicht ein „seltsameres Wesen" genannt haben. Man wird deshalb wol annehmen dürfen, dass man es hier mit einem Interpolator zu thun habe, der den Drachen noch einmal in die Erzählung hineinbringen wollte und dabei in der allerungeschicktesten Weise verfuhr. Die Stelle, an welcher sich *syllicra wiht* befindet (V. 3059—76), gehört, wie Müllenhoff HZ., XIV, S. 241, mit Recht bemerkt, zu den elendesten der ganzen Gedichtes, und wegen der zahlreichen Widersprüche, die sie enthält, betrachtet sie auch Hornburg als Einschiebsel.

Zu 19. *Stearc-heort* wird auch Beówulf genannt, IV 2553, siehe II, I, C,22.

Zu 20 vergleiche man II,14.

Zu 21. *Gryre-fâh* übersetzt Heyne durch „der grauenvoll glänzende." Ich möchte lieber *fâh* = „Feind" auffassen und *gryre-fâh* durch „Schrecken erregender Feind" wiedergeben. Das Wort *gryre-fâh* würde dann einerseits dem *gryre-gäst* (Nr. 9), andererseits dem *nearo-fâh* (Nr. 7) entsprechen.

Zu 22. *Hioro-weallende* gehört B an. Es spricht ebenfalls dafür, dass der Drache als mit Flug begabt vorgestellt wurde. Siehe Bemerkungen zu 4.

Zu 23. Zu *mâðm-æhta wlonc* (B) vergleiche man die

ähnliche Bildung *gold-wlanc,* ein Epitheton Beówulfs (A 1882, siehe II, I, C,6).

Zu 24. Wintrum fród (vergl. auch *eald,* Nr. 3, 4, 13) heisst der Drache, weil er bereits 300 Jahre (B 2279) über seinen Schätzen gelegen hat. —

Aus den Epithetis, welche der Drache erhält, ersehen wir, dass dieser seinen mythischen Character beinahe völlig rein bewahrt hat. Das einzige Wort, welches christlichen Einfluss zeigt, ist *aglœca* (siehe Bemerkungen zu II, 2 und 8), welches sich an echten Stellen öfter, als an interpolierten vorfindet. Ich werde in den Schlussbemerkungen zu diesem Kapitel darauf zurückkommen.

§ 5. Sonstige übernatürliche Wesen.

Wie B V. 111 ff. erzählt, stammen alle *untydras* von Kain ab. Als solche erwähnt B die *eotenas, gigantas, orcnéas* und *ylfe.* Auch Grendel und seine Mutter sind aus Kains Geschlecht; ersterer bekundet seine Verwandtschaft mit einigen der oben genannten Wesen, mit den Riesen, auch dadurch, dass er die Benennungen *eoton* und *þyrs* führt, siehe II,18 und 19. — An anderer Stelle, V. 1267, werden die Nachkommen Kains *geósceaft-gástas* genannt, ein Wort, das seiner Bedeutung nach nicht recht klar ist.

Zu a. Die *gigantas* kommen nur in Versen des Interpolators B vor. Anders ist es mit den *eotenas* und *entas.* Drei Dinge werden in unserem Gedichte *enta geweorc* genannt, einmal das Heft des Riesenschwertes in Grendels Wohnung (B 1680), dann die Drachenhöhle (IV 2718), endlich auch die in ihr verborgenen Schätze (IV 2775). B muss keinen Unterschied zwischen *gigantas* und *entas* gemacht haben, da er V. 1563 das Riesenschwert *giganta geweorc* nennt. Daraus geht hervor, dass die Bedeutung der *gigantas* bereits verblasst ist, dass B unter ihnen nicht mehr die Himmelsstürmer der alten Mythologie, sondern einfach Riesen verstand. Nur den Namen hat er der klassischen Mythologie entlehnt. Ein Rest der ursprünglichen Bedeutung scheint es zu sein, wenn es von ihnen V. 113 heisst: *gigantas þá wið gode wunnon.* Aber auch hier ist der ursprünglich heidnische Stoff, wie das ja im Beówulf fast durchweg der Fall ist, in christliches Gewand gekleidet worden.

Zu b. *Orcnêas* und *nicoras* sind Seeungeheuer. Unter *nicoras* sind nach R i e g e r, Zeitschrift für deutsche Philologie III,388, wahrscheinlich Walrosse zu verstehen, die wegen ihrer unförmlichen Gestalt und wegen ihrer Gefährlichkeit zu fabelhaften Wesen in der Phantasie des Volkes umgeschaffen wurden.

Die beiden Worte *scucca* und *scinna* sind ἅπαξ λεγόμενα in A. Mit *scucca* eng verwandt ist *scúa*, welches in dem Compositum *deað-scúa*, einer Benennung Grendels (II,10; Belegstelle gehört E an), sich vorfindet. *Scinna* steht seiner Bedeutung nach nicht allein da.

Zu *ylfe* wüsste ich nichts zu bemerken. In Betreff deren mythologischer Bedeutung verweise ich auf Simrock: Deutsche Mythologie, 4. Aufl. S. 422.

Zu c. Schliesslich noch ein paar Worte über die Benennungen des Teufels. Ein hochpoetisches Wort ist *gást-bana*, welches den Teufel zu Gott, die Materie zu dem Geiste, in Gegensatz stellt. Das Wort findet sich in der Einleitung vor, in welcher berichtet wird, dass die Dänen den Mörder des Geistes um Abhülfe gegen Grendels Verheerungen anriefen. Dieses veranlasst den Interpolator B zu einer kleinen Predigt, in welcher er über die Dänen loszieht, weil sie Gott den Herrn noch nicht erkannt hätten, und zugleich die Schrecken der Hölle und die Seligkeit des Himmels ausmalt. Die Verse 175—178 (E) sind ungemein interessant, da in ihnen das sonst überall zurückgedrängte oder übertünchte Heidentum noch einmal hervorbricht. Daraus geht hervor, dass sich der Verfasser der betreffenden Stelle noch wol bewusst war, dass die Einführung des Christentums zwischen seine Zeit und die Begebenheiten der Sage fiel. Siehe Müllenhoff, HZ., XIV,243.

Deófol findet sich nicht nur in Versen des Interpolators B vor, sondern auch bei A im dritten Liede. Dort heisst es, dass der Handschuh, in welchen Grendel Beówulf habe stecken wollen, durch Teufelskünste aus Drachenfellen gewirkt worden sei. — *Deófla gedrǽg* heisst B 757 Grendels Sippe; derselbe Verfasser nennt V. 1681 Grendel und seine Mutter „Teufel". Dieses darf uns nach dem in § 2 Ausgeführten nicht wundernehmen, da auch andere Verfasser des Beówulfsliedes Grendel mit dem Teufel in Zusammenhang bringen.

Werig gâst wird auch Grendel, und zwar ebenfalls in B, genannt, siehe II, 2.

§ 6. Schlussbemerkungen.

Fassen wir nunmehr die Resultate der in diesem Kapitel geführten Untersuchung zusammen, so ergiebt sich folgendes:

A) Die Benennungen und Epitheta, welche Gott führt, verraten fast durchweg christliche Anschauung. Einem aus dem Heidentume entnommenen Worte, *dryhten,* ist christlicher Stempel aufgedrückt worden. Eine wirkliche Ausnahme macht möglicherweise nur das Epitheton *sige-hrêðig,* welches zu *se ælmihtiga,* dem Worte, welches am schärfsten den Monotheismus hervorhebt, gehört.

B) Grendel, ursprünglich ein rein mythisches Wesen, ist zu einem Widersacher Gottes, zu einem bösen Geiste und zu einem Teufel geworden.

C) Dasselbe gilt von Grendels Mutter.

D) Die Benennungen und Epitheta des Drachen sind fast alle mythischer Natur. Das einzige Wort, welches christliche Färbung zeigt, nämlich *aglæca,* findet sich an echten Stellen des vierten Liedes öfter, als an interpolierten vor.

E) Die unter V genannten überirdischen Wesen sind dadurch mit dem Christentume in Zusammenhang gebracht worden, dass man sie von Kain abstammen liess.

Es ist eine eigentümliche Erscheinung, dass bei Grendel und dessen Mutter sich heidnische und christliche Vorstellungen in hohem Grade mit einander vermischt haben, während die Vorstellung von dem Drachen, wenngleich mythisch entartet, doch so gut, wie gar nicht von christlichen Elementen durchsetzt worden ist. Und doch lässt sich diese Erscheinung erklären, und zwar jedenfalls aus dem verschiedenen Character, welcher den genannten drei übersinnlichen Wesen beigelegt wird. Grendels Bosheit und Tücke, sein friedloses Wesen, sowie auch seine schaurige Wohnung auf dem Grunde der Sümpfe und Moore erinnerten lebhaft an den Teufel, die Identificierung beider lag also nahe. Dasselbe gilt natürlich auch von Grendels Mutter. Anders aber ist es mit dem Drachen. Obgleich dieser ebenfalls als grauenerregendes und verderbenbringendes Wesen geschildert wird, ist das von ihm gegebene Bild doch nicht so schwarz, wie das Grendels, namentlich fehlt ihm dessen hinterlistiger Zug. Wenn er auch nächtlich umherfliegt und alles verbrennt, was ihm in den Weg kommt, so thut er dieses doch nur aus Zorn über ein ihm entwandtes Kleinod. Grendel hingegen raubt aus reiner Mordlust. Noch in einer anderen Beziehung sind Grendel und der Drache wesentlich von einander verschieden. Grendel bewohnt einen düsteren, schaurigen Ort, der Drache dagegen eine mit Schätzen gefüllte Höhle.

So wird es sich vielleicht erklären lassen, dass die Vorstellung, welche uns von dem Drachen gegeben wird, in geringerem Grade christlichen Character an sich trägt, als die von Grendel. Wenn nun aber Grendel und seine Mutter als mit dem Teufel verwandt hingestellt werden, so steht es damit nicht im Widerspruche, kann vielmehr als eine notwendige Consequenz davon gelten, wenn sie, wie auch alles andere Ungezücht, von Kain abstammen sollen. Nach mittelalterlicher Vorstellung (siehe Bouterweck: Das Beówulfslied, Germania I, 401) war Kain, der Mörder Abels, nicht der Sohn Adams und Evas, sondern Sammaëls, des Obersten der Teufel. Von ihm stammen alle bösen Geister ab. Wenn diese nun Riesen, Meerungeheuer und Elben genannt werden, so ist das ein heidnisch-germanischer Zug. Also auch hier haben wir wieder eine Vermischung von mythischen und christlichen Elementen.

So zeigt denn das Beówulfslied in der Gestalt, in welcher es uns jetzt vorliegt, weder durchweg rein heidnische, noch durchweg rein christliche Anschauungen, sondern beide mit einander verwachsen, und zwar so eng, dass es nicht möglich ist, sie von einander zu trennen. Das christliche Element überwiegt indess. Treffend sagt Simrock (Beówulf, übersetzt und erläutert. Stuttgart und Augsburg, 1859. S. 194): „Das Heidnische ist mit schonender Hand getilgt und ein selbst oft noch halb heidnisch oder doch rabbinisch-jüdisch gefärbtes Christentum so sparsam aufgetragen, dass es fast nur bei der Herleitung des Riesengeschlechtes von Kain und seinem Brudermorde zu Tage tritt, oder wenn dem Vertrauen heidnischer Helden auf ihre eigene Stärke, das sich noch in den Gilpreden kundgiebt, ein christliches Gottvertrauen untergeschoben oder an die Seite gestellt wird.“

Mag nun auch die christliche Färbung, welche dem ursprünglich heidnischen Beówulfsliede zu Teil geworden ist, an einigen Stellen stärker, an anderen schwächer aufgetragen worden sein, sie zeigt sich in allen Teilen des Gedichtes und bei allen von Müllenhoff angenommenen Verfassern, und zwar schärfer ausgeprägt nicht ausschliesslich bei B, der nach Müllenhoff's Annahme von den Ideen des Christentums am meisten durchdrungen ist. Dieses bestimmt mich, die Frage, ob ein geistlicher Interpolator des Beówulfsliedes anzunehmen sei, zu verneinen. Ich verweise im Uebrigen auf die Schlussbemerkungen zu der ganzen Abhandlung.

Zweites Kapitel.

Die Helden.

§ 1. Beówulf der Geáte.

Vorbemerkung.

Der Name Beówulf ist in unserem Gedichte nicht auf einen Träger beschränkt. Der erste Beówulf, der uns (V. 18 ff. [B]; V. 53 ff [E]) entgegentritt, ist ein Dänenkönig, der Sohn des Scyld Scéfing. Die Einleitung, sowie auch B in der von ihm interpolierten Stelle, wissen uns viel von dem Ruhme des Dänenkönigs Beówulf zu erzählen und ihn auch als trefflichen Herrscher zu preisen. Um so auffallender muss es unter solchen Verhältnissen erscheinen, dass dieser Beówulf, der denselben Namen führt, wie der Held des Gedichtes, im ganzen Verlaufe desselben auch nicht ein einziges Mal wieder erwähnt wird. Dieses ist einer der Gründe, weshalb Müllenhoff der Einleitung einen besonderen Verfasser giebt; er meint, dass, wer den Vorfahr König Hróðgârs Beówulf nannte, später sich nicht eine Anknüpfung oder Hindeutung auf diesen hätte entgehen lassen, als Beówulf der Geáte an Hróðgârs Hofe erschien und die früheren Beziehungen beider Familien zur Sprache kamen. — Dem gegenuber ist folgendes geltend zu machen. Einmal kennt auch das erste Lied, wie Hornburg (a. a. O. S. 14) sehr scharfsinnig bemerkt, mehrere Männer des Namens Beówulf; V. 506 redet Hûnferð den Geáten Beówulf folgendermassen an:

Eart þu se Beówulf, se þe wið Brecan wunne?

Dann aber ist zu beachten, dass in den echten Teilen des Gedichtes und in A Parallelen zwischen 2 Personen überhaupt nicht gezogen werden; und wie hätte denn anders Beówulf der Geáte mit dem Dänenkönige gleichen Namens in Zusammenhang gebracht werden können? Der Interpolator B aber stellt nur ein einziges Mal einen Vergleich zwischen Personen an, die einander nahestehen, nämlich V 873 ff. zwischen Beówulf und Sigemund, welche beide ein Ungeheuer getötet haben. Häufiger pflegt er Personen verschiedenen Characters in Gegensatz zu einander zu bringen. So stellt er V. 899 ff. dem tapferen und gepriesenen Recken Sigemund den grausamen, obwol ebenfalls mit Ruhm gesegneten Heremód, der edeln milden Hygd die mit allen Reizen ausgestattete, aber unweibliche þryðo (V. 1930 ff) gegenüber; so lässt er ferner Hróðgàr den Beówulf vor dem Beispiele Heremóds warnen Dass nur B sich dieses poetischen Mittels bedient, hat darin seinen Grund, dass fast Alles, was in einen anderen Sagenkreis hineinspielt, von Müllen-hoff diesem Verfasser zugewiesen wird.

Doch gehen wir nunmehr zu unserem eigentlichen Thema über, zu den Bemerkungen, welche sich an die Epitheta, die Beówulf der Geáte erhält, knüpfen.

A. Beówulf's Herkunft und Stellung unter den Geáten.

a) Beówulf's Abstammung und verwandtschaftliche Beziehungen.

Hier ist wenig zu bemerken.

Zu l. Eine Rede Beówulfs wird gewöhnlich durch die Worte B*eówulf maðelode, bearn Ecgþeowes* angekündigt. Siehe V. 529. 632. 958. 1384. 1474. 1652. 1818. 2000 und 2426. Vers 2426 stehen vor einer langen Rede Beówulfs die vorhin genannten, auf eine Rede des Helden hinweisenden Worte; nachdem diese beendet ist, folgt (V. 2511) auf sie eine andere, welche ganz unvermittelt mit den Worten *Beówulf maðelode, beót-wordum spräc* etc. angedeutet wird. Es ist klar, dass die eine der beiden Reden interpoliert sein muss, und man kann keinen Augenblick im Zweifel sein, welche; natürlich die erste, längere, der Situation weniger entsprechende. — Auf den hier angeführten Punkt hat schon Müllenhoff hingewiesen (H Z., XIV, S. 231).

Zu 4. Hygeláces mœg findet sich bei A. nicht vor, aber auch A deutet auf die enge Verwandschaft zwischen Beówulf und Hygeläc hin, namentlich V. 1979. 2171. Wenn Beówulf im IV. Liede niemals Hygeläcs Verwandter genannt wird, so hat das vielleicht darin seinen Grund, dass Hygeläc zur Zeit, wo das im vierten Liede Berichtete spielt, bereits lange tot und Beówulf König der Geáten geworden war.

b) Beówulfs Stellung unter den Geáten.

Nr. 1—5 beziehen sich auf den Rang, den Beówulf in den ersten drei Liedern einnimmt, Nr. 6—10 auf sein Verhältnis zum Geátenkönige Hygeläc, Nr. 11—15 auf seine königliche Stellung im vierten Liede.

Es muss auffallen, dass Beówulfs hoher Rang unter den Geáten im dritten Liede, bei A, gar nicht berührt wird. Es erklärt sich dieses jedoch daraus, dass in diesem Teile des Gedichtes mehr Gewicht auf das enge Verhältnis zwischen Hygeläc und Beówulf gelegt wird (siehe z. B. 9 und 10).

Zu 4. Dass Beówulf auch im vierten Liede ein *Weder-Geáta leód* genannt wird, kann auf den ersten Anblik vielleicht überraschen. Jedoch kann *leód*, welches „Fürst" bedeutet, auch ganz gut auf einen König angewandt werden. — Auch König Hróðgâr heisst an einer Stelle (A 1654) *leód Scyldinga,* siehe II, A, b, 6.

Zu 6. Hygeláces þegn oder *Hygeláces mago-þegn* heisst Beówulf als Lehensmann des Geátenkönigs Hygeläc.

Zu 7 und 8. Die Epitheta *Hygeláces heorð-geneát* und *Hygeláces beóð-geneát* hat Beówulf mit den vierzehn Genossen, mit denen er dem König Hróðgâr zu Hülfe zieht, gemein.

Zu 9. Eine ähnliche Bildung, wie *lind-gestealla,* ist *eaxl-gestealla* (der bei der Achsel des Herrn Stehende, vertrauter Rat), ein Epitheton, welches II 1327 Äschere, der von Grendels Mutter gemordete Rat König Hróðgârs, führt.

Zu 13. Zu *Wedera helm* vergleiche *helm Scyldinga,* II, A, b, 13.

Zu 15. Wil-geofa Wedra leóda findet sich an höchst passender Stelle. Beówulf ist seiner Wunde erlegen. Wiglâf, der ihm die Totenwache hält, sendet einen Boten aus, um der harrenden Kriegerschaar die Kunde von dem Ausgange des

Drachenkampfes zu überbringen. Dieser Bote beginnt seine
Rede mit den Worten:

> „Nun ist der Wedern Wonnespender
> An sein Todbett gefesselt, der Fürst der Geáten."
>
> (Simrock.)

Passender hätte er in diesem Falle den geliebten Herrscher
kaum bezeichnen können.

c) Ehrende Benennungen, die Beówulf vermöge seiner Stellung zukommen.

Ich habe hier die dem vierten Liede angehörigen Worte
nicht von denen der übrigen Teile des Gedichtes getrennt, weil
sie vielfach übereinstimmen.

Zu 1 und 2. Eorl und *ädeling* wird Beówulf auch dann
noch genannt, als er bereits König ist. Ein *eorl* heisst auch
Scyld Scéfing (V. 6, siehe III,2), ein *ädeling* auch Hröðgár,
siehe II,5. Dass Könige als „Edle" bezeichnet werden, rührt
daher, dass der König aus dem Stamme der Edelinge sein musste;
siehe A r t u r K ö h l e r : Germanische Altertümer im Beówulf,
Germania XIII, S. 147.

Zu 3. Das Wort *scealc* ist weniger edel, als *þegn*, wie
ja Beówulf auch heisst, siehe B,6 und C,9. Ueberhaupt ist
scealc von allen Epithetis, die auf Beówulfs Rang Bezug nehmen,
das geringste. Warum sich dieses Wort nur einmal auf Beówulf
angewandt vorfindet, ist leicht zu erklären, wenn man den
Zusammenhang betrachtet, in welchem es steht. Nur hier war
ein derartiges Wort möglich. Hröðgár bricht, als er den aus-
gerissenen Arm Grendels sieht, in die Worte aus*): „Dem
Allwaltenden· sei Dank für diesen Anblick. Weder ich, noch
all meine Weisen wagten zu hoffen, dass (bis auf ferne Zeiten
hin) die Landburg der Völker (Heorot) vor bösen Geistern und
Dämonen geschützt werden könnte. Nun hat ein Dienstmann
(ein *scealc,* also ein nicht hoch stehender Mann, unter diesem
ist Beówulf zu verstehen) dieses Heldenwerk durch des Herrn
Macht vollendet, die That ausgeführt, die wir vorher mit aller
Klugheit nicht zuwege bringen konnten."

Zu 4. Ealdor (I) und *ealdor þegna* (A) heisst Beówulf
als Führer der kleinen Schaar, die ihn auf seinem Zuge zum
König Hröðgár begleitet.

---

*) Frei übersetzt.

Zu 5. Zu *þeóden* ist folgendes zu bemerken. Es findet
sich im ersten Liede, auf Beówulf angewandt, gar nicht vor,
im zweiten Liede hingegen an zwei Stellen. Dieses ist einer
der Gründe, weshalb Müllenhoff das zweite Lied einem anderen Verfasser zuweisen will, als das erste. — Das Wort
þeóden kommt zwar nur gekrönten Häuptern zu, so Hrôdgâr,
siehe II, A, c, 2, Scyld Scêfing, siehe III,3, Hygelâc, siehe IV, C, 4,
wenn aber auch Beówulf diese ehrende Benennung führt, so
hat das durchaus nichts auffallendes an sich. Beówulfs Stellung
in den ersten Teilen des Gedichtes kommt der eines Königs
nahe, er hat mit Königen verschiedene Epitheta, wie *ǽdeling,*
eorl, wine-dryhten u. a. gemein, warum sollte ihm nicht auch
das Epitheton *þeóden* zukommen dürfen? Dass sich dieses Wort
nun gerade 2 Mal im II. Liede, sonst aber nicht in den drei
ersten Liedern, auf Beówulf angewandt, vorfindet, kann doch
nur ein Zufall sein; daraus zu schliessen, dass das II. Lied einen
besonderen Verfasser haben müsse, scheint mir etwas zu weit
gegangen. Wollte man in dieser Art und Weise consequent
verfahren, so würde man z. B. vielleicht auch zu folgendem
Schlusse kommen, welcher einen Widerspruch mit Müllen-
hoffs Hypothese in sich birgt. Das Wort *alwalda,* welches
zu den selteneren Benennungen Gottes gehört, findet sich bei
A an interpolierter Stelle des zweiten Liedes auf verhältnismässig kleinem Raume (V. 929 und 956, siehe I, I, 8) zweimal
vor, im ganzen dritten Liede aber sucht man es vergeblich.
Man müsste demnach entweder die betreffende interpolierte
Stelle des II. Liedes (V. 917—957) oder das III. Lied A ab-
sprechen.

Ich habe *mǽre þeóden* von *þeóden* getrennt, weil es „eine Spur
eines altvolkstümlichen, formelhaften Styls ist." (A. Köhler: „Die
Einleitung des Beówulfliedes" und „Die beiden Episoden von
Heremod". Höpfner's und Zacher's Zeitschrift, Bd. II, S. 319.)
Mǽre wird also wol in dieser Zusammensetzung keine prägnante
Bedeutung haben. — Dass Beówulf im ersten Liede nur einmal,
V. 798, *mǽre þeóden* (und *freá-dryhten,* siehe Bemerkungen
zu diesem Worte) heisst, ist kein Beweis für die Unechtheit
jener Stelle. *þeóden* heisst Beówulf ja auch im II. Liede, dann
aber führt er dieses Epitheton, sowie das Prädikat *mǽre þeóden*
häufig im IV. Liede.

Zu 6. *Freá-dryhten* ist ein ἅπαξ λεγόμενον und findet sich an interpolierter Stelle des ersten Liedes. Aus diesem Worte folgt jedoch nicht die Unechtheit der betreffenden Stelle (V. 792—809), zumal, da mit *fred-dryhten* das Wort *freó-dryhten* (siehe 6, wo es in IV und II, A, c, 3, wo es in A steht) identisch ist, siehe Heyne, Glossar, S. 176.

Gum-dryhten (A) und *man-dryhten* (IV und B) sind Zusammensetzungen eines und desselben Wortes mit zwei Synonymis.

Zu 7 und 8 vergleiche II, A, c, 4 uud III, C, 7.

Zu 9 vergleiche II, A, c, 1 und III, C 3.

Zu 10 vergleiche II, A, C, 8.

Zu 11 vergleiche II, A, b, 1, 2 und 3, wo Hróðgâr *freá Scyldinga,* resp. *freá Denigea* und *freá Ingwina* heisst, dann II, A, c 7.

Zu 12 vergleiche II, A, c, 10, wo das Wort *hild-fruma* auch auf Hróðgâr angewandt erscheint, und zwar im dritten Liede, bei A.

Zu 13. *Frum-gâr* ist ein Compositum des Wortes *gâr* (Speer) und entspricht dem lateinischen „primipilus". Das Wort ist ein ἅπαξ λεγόμενον, hat aber weder seiner Bildung nach (da sowol von *frum,* als auch von *gâr* noch sonst Composita vorkommen, die auch anderen Teilen des Gedichtes, als IV zugehören), noch auch seiner Bedeutung nach etwas Auffälliges an sich.

Zu 15. Das Wort *strengel* hat nach Grein, Glossar, nur die eine angeführte Belegstelle in der angelsächsischen Litteratur. Grein vermutet (a. a. O. unter *strengel),* dass *strengel* für *strengest* stehe. Bei *strengel* einen Schreibfehler anzunehmen und dafür die von Grein vorgeschlagene Aenderung zu setzen, hat vieles für sich, da Beówulf auch V. 1544 (B, siehe B, 3) *wigena strengest* heisst. Dem Sinne nach würde die Emendation bei V. 3116 sehr gut passen.

Zu 16—19. Die hier verzeichneten Ausdrücke *(rices hyrde, folces hyrde, folces weard* und *winia bealdor)* sind einander verwandt und beziehen sich auf das innige, freundschaftliche Verhältnis zwischen Fürst und Volk. Siehe A. Köhler, a. a. O. S. 142.

Zu 20—23. *Êðel-weard, hringa fengel, gold-gifa* und *sinc-gifa* bezeichnen den König als Hüter und freigebigen

Spender des Schatzes (A. Köhler, a. a. O. S. 146). Zu *éðel-weard*
vergleiche man II, A, b, 14, wo das Wort auch in A steht,
zu *sinc-gifa* sehe man II, A, c, 16, wo für dieses Wort eine
Belegstelle im II. Liede angeführt ist.

B. Beówulf's körperliche Eigenschaften.

Von den Angaben, welche uns das Gedicht über Beówulf's
körperliche Eigenschaften macht, beziehen sich fast alle (Nr.
1—3) auf seine Heldenkraft. Aus Nr. 1—3 ersieht man, dass
Beówulf eine ausserordentliche Stärke besessen haben muss; wie
gross diese war, geht aus V. 379 ff. hervor, wo berichtet wird,
dass Beówulf die Kraft von 30 Männern in seiner Faust ge-
habt habe. Wenn sich auch diese Angabe nur einmal vorfindet, so liegt doch kein Grund vor, die Verse 377—385 deswegen für interpoliert zu halten, wie Müllenhoff will (HZ.,
XIV. S. 197); sie geben eine Ergänzung der sonstigen, nur
allgemeinen Nachrichten über Beówulf's Körperstärke.

Zu 4, 5 und 6. Gamol, ein edleres Wort, als *eald* (siehe
Heyne, Glossar), *hár* und *fród* kann Beówulf selbstverständlich
nur im IV. Liede genannt werden, wo er uns als Greis entgegentritt. Dass Beówulf bei B an interpolierten Stellen des
IV. Liedes niemals *gamol* heisst, ist nur Zufall, zumal, da B,
wenn auch nicht Beówulf, so doch Ongenþeów verschiedentlich
mit dem Epitheton *gamol* beehrt (z. B. V. 2488. 2969).

C. Beówulf's Character.

Die zahlreichen Epitheta, welche sich auf Beówulf's Character beziehen, streng systematisch zu ordnen, ist ungemein
schwierig. Ich bitte deshalb um möglichste Nachsicht, wenn
das in C gegebene Verzeichnis einige Uncorrectheiten aufweist.
— Die meisten der unter C stehenden Worte beziehen sich auf
Beówulf's Heldenhaftigkeit, die hervorragendste Seite seines
Characters; andere beziehen sich auf seinen Geist und sein
Gemüt, noch andere verherrlichen seinen Ruhm. Näheres wird
sich bei der Betrachtung der einzelnen Worte ergeben.

Zu 1. Secg, *wer* und *beorn* sind synonym und bezeichnen
Beówulf als „Krieger", d. h. als „Helden". Zwischen ihnen
scheint folgende Stufenleiter stattzufinden: *wer* (Mann), *secg*
(Krieger), *beorn* (edler Krieger, Held).

Zu *secg betsta* (A und B) vergleiche man Nr. 9, *þegn betsta* (A). Beide heben in besonderem Masse Beówulf's kriegerische Tüchtigkeit hervor. Noch mehr thun dieses die unter 8 verzeichneten Ausdrücke *wigend weorð-fullost wide geond eorðan* (IV) und *wigena weorð-mynd* (II).

Zu dem Epitheton *módig*, welches *secg* erhält, vergleiche Nr. 17 und 40.

Zu 2. Das Epitheton *wäccende*, welches an interpolierter Stelle des II. Liedes mit *wer* verbunden steht, bezieht sich auf den im ersten Liede geschilderten Kampf zwischen Beówulf und Grendel. Ein wachsamer Mann, nämlich Beówulf, hat den Unhold erwartet und den Kampf mit ihm aufgenommen.

Zu 3. V. 211 werden Beówulf und seine Gefährten *beornas* genannt und erhalten das Epitheton ornans *gearwe*.

Zu 4. In Betreff des Epithetons *yrre* vergleiche 44.

Zu 5. Zu *mære*, dem Epitheton, welches *cempa* erhält, vergleiche Nr. 36; zu *rêðe* siehe I, II, 16.

Zu 6. Das Epitheton *gold-wlanc* erhält Beówulf, als er, von Hróðgar reich beschenkt, sich zur Heimkehr rüstet. Vergl. übrigens *máðm-æhta wlanc* I, IV, 23 und Bemerkungen hierzu.

Zu 7 und 8. Die ehrenvollen Bezeichnungen *wiga* und *rand-wiga* führt Beówulf nur bei A, dagegen das dem *wiga* stammverwandte und vollständig gleichbedeutende *wigend* im II. und IV. Liede. Zu dem Epitheton *wäl-reów* (A), welches mit *wiga* verbunden ist, vergleiche das synonyme *gúð-reów*, E 58 (von Healfdene).

Zu 10. *Freca Scyldinga* (II) als ein Epitheton Beówulfs kann auf den ersten Blick überraschen. Wenn man aber diesen Ausdruck durch „Kämpfer für die Scyldinge" übersetzt, so hat man eine Erklärung für diese Benennung. Zu Nutzen und Frommen der Dänen, der Scyldinge, hat Beówulf den gefahrvollen Kampf mit Grendels Mutter gewagt, er kann daher ganz gut als ein „Krieger für die Scyldinge" bezeichnet werden. — Zu *hilde-freca* (B) vergleiche das Synonymum *gúð-freca* (IV), eine Benennung des Drachen, siehe I, IV, 13.

Die ἅπαξ λεγόμενα *scyld-freca* und *sweord-freca* sind Zusammensetzungen eines Appellativums mit den Namen von Waffen, wie sie im Angelsächsischen sich ziemlich häufig vorfinden. Unter den Epithetis, die Beówulf führt, findet sich

5

noch eins vor, nämlich *rand-wîga* (7), welches dem *scyld-freca* synonym, aber etwas farbloser, als dieses ist.

Zu 13. *Driht-guma* findet sich auch sonst im Gedichte vor, siehe Heyne, Glossar, s. v.

Zu 15 und 16. Die gebräuchlichsten Adjectiva, welche als Epitheta ornantia Beówulfs verwandt werden, sind *gôd* und *heard*. Ersteres bezieht sich auf die Trefflichkeit von Beówulfs Character überhaupt, letzteres speciell auf seine kriegerische Tüchtigkeit.

(Ädeling) wr-gôd, welches der Bedeutung wegen besser an anderer Stelle stände, habe ich hierher (unter 15) gesetzt, weil es ein Compositum von *gôd* ist. — Auch Hrôðgâr wird ein *ädeling wr-gôd* genannt, siehe II, C, 1.

Zu 18. Mit *heaðo-deór* synonym ist *hilde-deór*, Nr. 14 und 19.

Zu 20. *Fyrd-wyrðe* findet sich nur einmal im Beówulfs-liede vor, und zwar im II. Liede. Das Wort ist jedoch von keiner Bedeutung, da sich von *fyrd* noch andere Composita vorfinden (siehe Heyne, Glossar, s. v), welche auch in anderen Teilen des Gedichtes Belegstellen haben.

Nr. 22—28 schildern Beówulfs mutiges und entschlossenes Wesen, während die bisher genannten Worte sich beinahe ausschliesslich auf seine kriegerische Tüchtigkeit bezogen. Im Einzelnen ist folgendes zu bemerken.

Zu 22. *Stearc-heort* wird in B auch der Drache genannt, siehe I, IV. 19.

Zu 23. *Hrór* als Simplex findet sich nur einmal, und zwar bei A vor. In der Einleitung aber führt Scyld Scêfing das ehrende Epitheton *fela-hrór*, siehe III,10.

Zu 24. *Hyge-rôf* zeigt sich nur an den beiden angeführten Stellen des ersten Liedes. Doch treten auch andere Composita, sowol von *hyge*, als auch von *rôf* auf, z. B. in diesem Abschnitte *ellen-rôf* (B 3064; siehe 35).

Zu 25 und 26. Dass die beiden verwandten Bildungen *ân-hydig* und *þrist-hydig* sich beide nur einmal, und zwar beide nur im IV. Liede, vorfinden, darüber wird man vielleicht hinwegsehen können, zumal da sonstige Composita von *hydig* auch in anderen Teilen des Gedichtes auftreten. So *bealo-hydig* I,724 (siehe I, II, 33), *gram-hydig* B 1750.

Zu 27 und 28. *Swið-môd* (I) und *stîð-môd* (IV) sind Synonyma. Ersterem innig verwandt ist *swöð-ferhð* (I), siehe 29.

Zu 29. Aus dem Epitheton ornans *snotor*, welches I dem Beówulf zukommen lässt, geht hervor, dass Beówulf auch als mit vortrefflichem Verstande begabt geschildert wird. So stellt auch V. 1844 f. (A) der König Hrôðgâr dem Beówulf das ehrende Zeugnis aus, dass er (Hrôðgâr) nie einen Mann in so jugendlichem Alter in so verständiger Weise habe reden hören.

Zu 30 und 31. •Doch nicht nur mit vorzüglichen Eigenschaften des Verstandes, sondern auch mit einem trefflichen Gemüte ist Beówulf von dem Dichter ausgestattet worden. Hierfür sprechen die Epitheta *rûm-heort* und *collen-ferhð*, welche beide von A dem Helden beigelegt werden. *Rûm-heort* findet sich auch B 2111 (auf Hrôðgâr bezogen, siehe II, C, 7), *collen-ferhð* auch IV 2786 (auf Wîglâf angewandt, siehe V, C, 7) vor.

Zu 32. *Wlanc* (I) als Simplex steht auch an anderen Stellen des Gedichtes, siehe Heyne, Glossar, s. v. Ausserdem existiert das Compositum *gold-wlanc* (A), siehe Nr. 6.

Zu 33. Das Epitheton *rîce* erhält Beówulf nur einmal, häufiger hingegen Hrôðgâr, siehe II, C, 18. Dieses Wort, sowie das unter Nr. 34 genannte beziehen sich nicht gerade auf Beówulfs Character, ich habe ihnen aber hier eine Stelle angewiesen, weil ich auch die Epitheta, welche Beówulfs Ruhm verherrlichen, in C untergebracht habe.

Anderer Art, als die vorhin besprochenen Worte und Ausdrücke sind die in 35—38 verzeichneten, welche Beówulfs Ruhm verkünden. Ich glaube, dass man dieselben den auf Beówulfs Character bezüglichen Epithetis beizählen darf.

Zu 35. In *dædum rôf* gebe ich im Gegensatze zu Heyne, der das Wort durch „stark" übersetzen will, dem *rôf* die Bedeutung „berühmt", welche es in den Compositis *ellen-rôf* und *sige-rôf* hat. Meiner Ansicht nach ist letztere Bedeutung an der betreffenden Stelle passender.

Zu 37. A 1490 nennt sich Beówulf selbst einen *wid-cûð man*. Aus dieser, wie auch aus anderen Stellen, z. B. V. 408 und 409, ersieht man, dass Beówulf, wie andere Helden der

Sage, auch ein grosses Selbstbewusstsein von seiner Thätigkeit besitzt und mitunter ruhmredig werden kann.

Zu 38. Mit *tir-eádig man* vergleiche man *sigor-eádig secg* (unter Nr. 1).

Nr. 39—41, dem ersten und zweiten Liede angehörig, characterisieren Beówulf auch als tüchtigen Seefahrer. Ob unter dem *lagu-cräftig mon* wirklich Beówulf zu verstehen sei, ist zweifelhaft, scheint mir aber immerhin möglich; Heyne will es auf einen Lootsen beziehen.

Zu 42. *Bolgen-mód* wird Beówulf genannt, als er mit Grendels Mutter in erbittertem Kampfe sich befindet. Im Verlaufe dieses Ringens um Tod und Leben heisst er ferner *yrre and án-rœd* (44), *wêrig-mód* (43), zu welch letzterem man vergleiche I, II, 38.

Zu 45. *Sige-hrêðig* heisst Beówulf in Bezug auf seinen Sieg über Grendels Mutter.

Zu 46. An ungemein passender Stelle wird Beówulf ein *äðeling weorð Denum* genannt. Beówulf ist zur Abfahrt gerüstet und im Begriffe, von dem Könige Hróðgâr und den Dänen Abschied zu nehmen. Gerade in diesem Momente hatten die Dänen besonderen Grund, sich bewusst zu sein, wie wert ihnen der Held erscheinen musste, der sie von zweifachem Uebel befreit hatte. Der Dichter (es ist nach Müllenhoff A) bringt dieses in schlichter Weise dadurch zum Ausdruck, dass er Beówulf einen *äðeling weorð Denum* nennt. —

Die noch übrigen Epitheta kommen Beówulf nur im IV. Liede zu, wo er uns als König der Geáten und als Greis entgegentritt.

Zu 47 vergleiche II, C, 3, wo Hróðgâr das Epitheton *wise* führt.

Zu 48 und 49. Die hier verzeichneten Epitheta Beówulfs sprechen für das innige Verhältnis, in welchem er zu seinem Volke gestanden haben muss.

Nr. 50—53, sämmtlich Superlative, stehen in den beiden letzten Versen des Gedichtes und verleihen diesem einen würdigen Abschluss, indem sie in schlichter Weise die hohen Tugenden, welche Beówulf ausgezeichnet haben, noch einmal hervorheben.

§ 2. König Hróðgár.

A) Hróðgar's äussere Verhältnisse.

a) Hróðgár's Herkunft und verwandtschaftliche Beziehungen.

Zu 1—3. Hróðgár ist der Sohn Healfdenes, und zwar,
wie wir aus E 61 und aus I 467—69 erfahren, das zweite
Kind seines Vaters. Sein älterer Bruder ist Heorogár (V. 61),
der zur Zeit der Handlung des Liedes schon tot ist (V. 467—69).
Zu 4. Zu einer eingehenden Betrachtung regt das Wort
áðum-swerian an. Es soll (Heyne, S. 84) eine Anspielung auf
spätere Ereignisse zwischen Hróðgár und seinem Schwiegersohne
Ingeld sein, von denen uns A (V. 2020 ff) berichtet. Hieraus
würde hervorgehen, dass nicht nur A (und B), sondern auch
der Verfasser der Einleitung die Sage von Freáware und Ingeld,
welche als Episode in das Beówulfslied eingeflochten ist, ge-
kannt hat. Dieses würde für den innerlichen Zusammenhang,
in dem die einzelnen Teile unseres Gedichtes zu einander
stehen, sprechen und vielleicht als ein Beweis gegen Müllenhoff's Hypothese gelten können.
Die Lesart der betr. Stelle V. 83 ff. ist übrigens nicht
die der Handschrift; diese hat vielmehr:

> *ne wæs hit lenge þa gen þæt se secg hete aðum
> swerian æfter wæl niðe wæcnan scolde ða se ellen-
> gæst* etc.;

siehe Wülcker a. a. O. S. 21.
Wegen der Aenderung der handschriftlichen Lesart siehe
Heyne, Beówulf, S. 84, und Rieger, Z. f. d. Ph. III, 382.

b) Hróðgár's Stellung unter den Dänen.

Wie wir sehen, kommen die meisten der hierher gehörigen
Benennungen dem ersten Liede zu. Nach I ist A mit Belegstellen am stärksten vertreten, dann kommen II und B, zu-
letzt E. Dieses auf den ersten Blick auffallende Verhältnis
erklärt sich leicht, wenn man den Inhalt der einzelnen Teile
des Gedichtes in Betracht zieht. Die Einleitung umfasst nur
wenige Verse und berichtet hauptsächlich von Grendels Un-
thaten. Im ersten Liede wird Hróðgár, als der mächtige
Herrscher der Dänen, sehr oft erwähnt. Das II. Lied hat
vorwiegend den Kampf Beówulfs mit Grendels Mutter zum

Gegenstande. Im dritten, von A verfassten Liede tritt Hrôðgâr
wieder etwas mehr in den Vordergrund. In den dem Interpolator B beigelegten Versen begegnet uns Hrôðgâr ziemlich
selten. **Zu 3 und 4.** Von den drei Bezeichnungen, deren sich das
II. Lied überhaupt bedient, um Hrôðgâr's Stellung unter den
Dänen auszudrücken, sind zwei specielles Eigentum desselben,
eine gewiss merkwürdige Erscheinung. Diese beiden sind *freá
Ingwina* (3) und *eodor Ingwina* (4). Ersterem entsprechen
freá Scyldinga und *freá Denigea* (Nr. 1 und 2), letzterem
eodor Scyldinga (Nr. 5). Es kann also nur Anstoss erregen,
dass im zweiten Liede die Dänen zweimal *Ingwine* genannt
werden. Hierüber wird im dritten Kapitel gesprochen werden.

Zu 13. Eine Rede des Königs Hrôðgâr wird öfters durch
die formelhafte Wendung

Hrôðgâr maðelode, helm Scyldinga

angekündigt. So I 371. 456. II 1322.

Zu 14. Zu *êðel-weard Eást-Dena* (A) vergleiche man *eald
êðel-weard*, welches B 2211 auf Beówulf angewandt ist, siehe
I, A, c, 20.

**c) Ehrende Benennungen, welche Hrôðgâr in seiner Eigenschaft
als König der Dänen erhält.**

Die allgemeinen Bemerkungen, welche ich zu b gemacht
habe, gelten auch für diesen Abschnitt; die meisten Belegstellen der unter c verzeichneten Worte müssen I und A zufallen,
was auch in der That geschieht. Wenn A nun zwei Belegstellen mehr als I aufweist, so wird man darüber wol hinwegsehen können.

Zwischen den Epithetis, welche Hrôðgâr als Beherrscher
der Dänen erhält, und denen, welche Beówulf im vierten Liede
als König der Geáten zukommen, herrscht grosse Uebereinstimmung. Wir haben z. T. schon in § 1, A, c darauf hingewiesen.

Zu I. Merkwürdig ist, dass sich *cyning* und seine Com-
posita fünfmal in A, zweimal in II und B und nur einmal in
I vorfinden (das Wort *gûð-cyning*). Dieses wird aber wol nur
Zufall sein.

Zu 2 vergleiche man I, A, c, 5.

Zu 3. Freó-drihten min wird Hróðgâr von seiner Gattin Wealhþeów angeredet. Sie betrachtet also Hróðgâr nicht nur als ihren Gemahl, sondern auch als ihren Herrn.

Zu *dryhten* und seinen Compositis vergleiche man I, A, c, 6.

Zu 4 vergleiche man I, A, c, 7 und 8.

Zu 6 — 8 vergleiche man die betreffenden Stellen unter I, A c.

Zu 9. Das ἅπαξ λεγόμενον *leód-fruma* kann keinerlei Bedenken erregen. Man vergleiche damit einerseits Bildungen, wie *leód-cyning* (E 54), andererseits solche, wie *hild-fruma* (10, siehe auch I, A, c, 12) und *wig-fruma* (11).

Zu 12. Leód-gebyrgea ist ein edlerer Wort, als *folces hyrde.*

Zu 14. Wie *freó-dryhten* mit *freá-dryhten* (siehe Bemerkungen zu I, A, c, 6), so ist auch *freó-wine* mit *freá-wine* gleichbedeutend. *Freá-wine folces* wird Hygelâc genannt, siehe IV, C, 9.

Zu 16 — 18. Die hierselbst angeführten Worte bezeichnen den König als Spender des Schatzes (siehe auch I, A, c, 21 — 23). Von allen im Beówulf auftretenden Herrschern wird, wie aus der verhältnismässig grossen Zahl von Belegstellen hervorgeht, welche die unter 16 — 18 verzeichneten Epitheta Hróðgârs haben, die Tugend der Freigebigkeit am meisten Hróðgâr nachgerühmt.

B. ·Hróðgâr's körperliche Eigenschaften.

Zu 1 — 6. Hróðgâr tritt, worauf alle unter B angeführten Epitheta desselben hindeuten, im Gedichte uns als hochbetagter Greis entgegen. Von allen Verfassern des Beówulf, welche Müllenhoff ansetzt, nimmt nun keiner so oft darauf Bezug, als A im III. Liede (siehe das Verzeichnis). Die Scenen dieses Teiles des Gedichtes, namentlich aber der Abschied Beówulfs von Hróðgâr, boten dem Dichter ganz besonders reichliche Gelegenheit hierzu. A hat sich der Aufgabe, die Empfindungen zu schildern, welche Hróðgâr, den Greis, beseelten, als er von dem jungen Krieger Beówulf, der ihm so theuer geworden war, Abschied nahm, mit vielem Geschicke entledigt.

Zu 1 vergleiche man I, B, 4, zu 4 sehe man I, B, 5, zu 6 ebend. 6. *Gamol-feax* (2) und *blanden-feax* (8) sind synonym.

C. Hróðgàr's Character.

Die Belegstellen der unter C verzeichneten Epitheta, die sich auf Hróðgàrs Character beziehen, sind in folgender Weise auf die einzelnen Teile, aus denen nach Müllenhoff das Gedicht besteht, verteilt. Auf E entfallen zwei, auf I drei, auf II zehn, auf A dreizehn und auf B zwei. Um sich dieses eigentümliche Verhältnis zu erklären, muss man folgendes berücksichtigen. In der Einleitung und den dem Interpolator B zugeschriebenen Stellen geschieht des Königs Hróðgàr selten Erwähnung. Das erste Lied stellt Hróðgàr vornehmlich als den mächtigen König der Dänen hin, wie wol am besten aus A, b hervorgeht. Im zweiten und dritten Liede wird uns allerdings auch viel von Hróðgàrs Ruhm erzählt, doch nehmen diese beiden Teile des Gedichtes auch weit mehr auf Hróðgàrs Character Bezug, als es das erste Lied thut.

Auch hier zeigt sich wieder grosse Uebereinstimmung mit den betreffenden Epithetis Beówulfs. So sind beiden Männern gemein *gôd, gum-cystum gôd* (siehe I, C, 12), *œr-gôd, wise, snotor* etc.; vergleiche die entsprechenden Nr. unter I, C.

Hróðgàr's Character wird in allen Teilen des Gedichtes mit vieler Wärme geschildert. Alle sind darin einig, seine hohen Herrschertugenden und seinen weithin sich erstreckenden Ruhm zu preisen. — Im Einzelnen ist noch folgendes zu bemerken.

Zu 5. *Glæde* (freundlich) wird Hróðgàr mit Fug und Recht genannt, da das Verhältnis zwischen ihm und seinen Unterthanen ein recht inniges ist.

Zu 6. *Fela friegend* steht nur an der einen angeführten Stelle. Beówulf erzählt seinem Herrscher von seinem Aufenthalte am Hofe des Königs Hróðgàr und berichtet, wie der greise Scylding beim Mahle von alten Zeiten erzählt habe. Bei dieser Gelegenheit nennt er Hróðgàr *fela friegende.* Simrock übersetzt dieses durch „der vielerfahrene", Heyne durch „der vielfragende" und führt als Begründung dafür an, dass das Gespräch ein wechselseitiges gewesen sei. Ganz einverstanden kann ich mich mit Heyne's Deutung dieser Stelle nicht erklären, doch scheint sie mir richtiger, wenigstens wortgetreuer zu sein, als die Simrocks.

Zu 8—12. Wenn Hróðgàr ein Krieger und ein Held genannt wird, so kann sich das höchstens darauf beziehen, dass er sich grossen Kriegsruhmes erfreut. Als Held tritt er uns im Gedichte gerade nicht entgegen.

Zu 13 und 14 vergleiche I, C, 36 und 37.

Zu 17. Zu *tir-fäst* (A) vergleiche *tir-eádig* (B), I, C, 38.

Zu 18 siehe I, C, 33.

§ 3. Scyld Scêfing.

Ich habe die Epitheta, welche Scyld Scêfing beigelegt werden, nur deshalb zusammengestellt, weil sie verschiedene Punkte der Vergleichung darbieten. Auf diese Weise wird auch die Einleitung etwas mehr in den Gang der Untersuchung hineingezogen.

Zu 1. Wine Scyldinga heisst auch Hrôðgâr, siehe II, A, b, 11.

Zu 2. Ein *eorl* wird auch Beówulf genannt, siehe I, A, c, 1.

Zu 3. Das ehrende Epitheton *leóf þeóden* erhält auch Beówulf, siehe I, C, 48.

Zu 4. Dem *land-fruma* analoge Bildungen sind *leód-fruma*, *hild-fruma* und *wig-fruma*, siehe I, A, c, 12 und II, A, c, 9—11.

Zu 5. Auch von Beówulf (B 2391, siehe I, C, 15) und von Hrôðgâr (A 864, siehe II, C, 1) heisst es *þät wäs gód cyning* (das war ein guter König).

Zu 6 und 7 vergleiche I, A, c, 2 und 4.

Zu 8 vergleiche II, A, c, 17, wo *beága brytta* auf Hrôðgâr angewendet steht.

Zu 9 vergleiche I, C, 36 und II, C, 13.

Zu 10. Das Compositum *fela-hrôr* ist Eigentum der Einleitung, dagegen findet sich das Simplex *hrôr* A 1630 vor, siehe I, C, 23.

§ 4. Hygelâc.

A. Verwandtschaftliche Beziehungen.

Zu 1—3. Hygelâc ist der Sohn Hrêðels, und zwar nach B 2435 der jüngste. Seine älteren Brüder sind Herebeald und Hæðcyn, über welche ein tragisches Geschick waltet, das uns aber hier nicht weiter interessiert. Hygelâcs Schwester ist verheiratet mit dem Wægmunding Ecgþeów (V. 373—76); Hygelâc ist demnach Oheim Beówulfs.

Zu 4. Dass Hygelâc der Enkel Swertings ist, teilt uns A nur an interpolierter Stelle des II. Liedes mit; im dritten

Liede kommt er nicht darauf zurück. Auch in anderen Teilen des Gedichtes wird Swerting nicht erwähnt, was auch gar nicht erforderlich ist.

B) Einen besonderen Abschnitt musste ich dem *bana Ongenþeówes* anweisen, weil ich diesen Ausdruck unter keiner der anderen Rubriken unterzubringen wusste.

Wenn Hygelåc in einem Teile des Gedichtes (im III. Liede) *bana Ongenþeówes* genannt wird, so steht dieses im Widerspruche zu dem Inhalte zweier Episoden des IV. Liedes, welche von Ongenþeówes Tode berichten. Das erste Mal (V. 2485—90) wird nur kurz darauf hingedeutet, später (V. 2962—2985) wird ausführlich von dem Ende des greisen Scylfings erzählt. Beide Male aber wird nicht Hygelåc, sondern Eofor, ein tapferer Degen in Hygelåcs Heere, als Mörder Ongenþeówes hingestellt. Wir werden es also in den beiden Episoden des IV. Liedes, welche von Ongenþeóws Tode berichten, wol mit Interpolationen zu thun haben, und ich erkläre mich mit Müllenhoff vollständig einverstanden, wenn er die Verse 2426—2510 und 2900—3030 für eingeschoben hält. Was Hornburg für die Echtheit dieser Verse vorbringt, ist nicht überzeugend. Die Verse 2426—2510 müssen auch aus einem anderen Grunde als unecht angesehen werden; siehe Bemerkungen zu I, A, a, 1. Die Verse 2900—3030 sind endlich schon deshalb zu verwerfen, weil die Rede, welche der von Wigláf abgesandte Bote hält, meiner Ansicht nach höchst unpassend ist und inhaltlich, wie Müllenhoff nachgewiesen hat (H. Z. XIV., S. 237 ff), grosses Bedenken erregt.

C. Hygelåcs Stellung unter den Geáten. Ehrende Benennungen, die er infolge seines Ranges erhält.

Wir können hier eine grosse Uebereinstimmung beobachten zwischen den Benennungen, welche Hygelåc zu Teil werden, und denen Beówulfs und Hróðgârs Ich verweise auf I, A, c und II, A, c. Im Uebrigen habe ich noch folgendes zu bemerken.

Zu 6. Dryhten Hygelåc (V. 2001) wird Hygelåc von seinem Neffen Beówulf angeredet. Man ersieht daraus, dass Beówulf, trotz des engen, verwandtschaftlichen Verhältnisses, in welchem er zu Hygelâc steht, sich doch der Achtung bewusst ist, die er ihm als seinem Gebieter schuldet.

Zu 9. Mit *freá-wine* vergleiche man das ihm entsprechende *freó-wine*, ein Epitheton Hrôðgârs, II, A, c, 14.

D. Hygelâcs Character.

Die Epitheta, die sich auf Hygelâcs Character beziehen, unterscheiden sich in nichts von denen Beówulfs und Hrôðgârs. Wie diese beiden Helden des Gedichtes, wird auch Hygelâc als tapferer, mächtiger und weitberühmter König gepriesen.

Zu 1—2 vergleiche man die betreffenden Nr. unter I, C und II, C.

Zu 3. Auch Beówulf erhält das Epitheton *wlanc*, und zwar im ersten Liede, siehe I, C, 32.

Zu 4. *Beorn-cyning* findet sich nur einmal im Beówulfsliede vor. Es ist selbstverständlich ein Compositum von *beorn* (siehe I, C, 3 und II, C, 8) und *cyning*.

Zu 5. Die Stelle, an welcher Hygelâc ein *byrn-wiga* (womit man vergleiche *rand-wiga* I, C, 7 und *lind-wiga* V, C, 5) genannt wird, gehört einer Episode an, welche uns von dem bekannten Kampfe des Geátenherrschers gegen die Franken, Friesen und Hetwaren berichtet.

Zu 6. Mit *niða-heard* (A) vergleiche *nið-heard cyning* (IV), von Beówulf ausgesagt, siehe I, C, 16.

Zu 7. Wie Hygelâc *heáh* (A) genannt wird, so Hrôðgâr *heáh-cyning* (II), siehe II, A, c, 1.

Zu 8 und 9. *Brego-róf* und *heaðo-róf* sind Composita von *róf;* ersteres gehört eigentlich nicht hierher, weil es eine körperliche Eigenschaft Hygelâcs bezeichnet. Es mag aber trotzdem, weil es das einzige Epitheton dieser Art und dem *heaðo-róf* analog gebildet ist, unter C seine Stelle finden. — *Brego*, der erste Bestandteil des Compositums *brego-róf*, findet sich zweimal im ersten Liede vor, V. 427 und 610, s. II, A, b, 9.

§ 5. Wiglaf.

A. Aeussere Verhältnisse.

Zu 1—3. Wîglâf ist der Sohn Weohstânes (oder Wihstânes) und ein Verwandter Älfheres, über welchen wir nichts Näheres erfahren.

Zu 4. Die Bezeichnung Wîglâfs als *leôd Scylfinga* deutet darauf hin, dass er mit der schwedischen Dynastie der Scylfinge verwandt ist, siehe Heyne, Beówulf, S. 125. Er stammt, wie auch Beówulf, aus dem Geschlechte der Wægmundinge und ist nach der Stammtafel, die Heyne a. a. O. entworfen hat, ein Vetter Beówulfs. Wenn nun Wîglâf als junger, kaum erwachsener Mensch (siehe B, 1 und 2), Beówulf dagegen im vierten Liede als Greis auftritt, beide aber Vettern sein sollen, so muss man dieses der Sage zu Gute halten, die sich bekanntlich um Chronologie gar nicht kümmert.

B. Körperliche Eigenschaften.

Wie aus 1 und 2 hervorgeht, wird Wîglâf als ganz junger Mensch hingestellt.

Zu 2. *Unfrôd* (IV) steht im Gegensatze zu *frôd* (II und B), siehe I, B, 6 und II, B, 6.

C. Character Wiglâfs.

Zu 1, secg, vergleiche I, C, 1.

Zu 3 vergleiche I, C, 5.

Zu 4 vergleiche I, C, 17.

Zu 5. Ein dem *lind-wiga* vollkommen synonymes Wort ist *rand-wiga,* siehe I, C, 7.

Zu 6 vergleiche I, C, 14 und II, C, 9, wo derselbe Ausdruck in A sich vorfindet.

Zu 7. *Collen-ferhð* wird auch Beówulf genannt, siehe I, C, 31. Das eine Mal, auf Wîglâf bezogen, gehört das Wort IV, das andere Mal, auf Beówulf angewandt, A an.

Zu 8. Wenn Wîglâf von dem Dichter mit dem Epitheton *snotor* beehrt wird, so ist dazu aller Grund vorhanden. Die Art und Weise, wie der junge Held die Anordnungen zu Beówulfs Bestattung trifft, giebt dem Dichter das Recht, Wîglâf derartiges Lob zu spenden.

Zu 9 Sige-hrêðig (wozu man vergleiche I, I, 9 und II, I, C, 45) heisst Wîglâf an recht passender Stelle. Nach hartem Kampfe ist es Beówulf und Wîglâf gelungen, den Drachen zu fällen. Jetzt eilt Wîglâf ruhmbedeckt (*sige-hrêðig*) in die Höhle des Wurmes, um die dort lagernden Schätze hervorzuholen, damit der sterbende Beówulf sich an ihrem Anblicke weide.

§ 6. Schlussbemerkungen.

Es hat sich im Verlaufe dieses Kapitels gezeigt, dass zwischen sämtlichen von Müllenhoff angenommenen Verfassern grosse Uebereinstimmung im Gebrauche von Epithetis der Helden herrscht. Auch erhalten verschiedene Helden oftmals dieselben Epitheta.

Ein weiteres Ergebnis der Untersuchung in diesem Kapitel ist, dass zwei Episoden des vierten Liedes, die Verse 2426—2510 und 2900—3030 als eingeschoben zu betrachten sind. Die Gründe hierfür sind teils in § 1, A, a, teils in § 4, B auseinandergesetzt worden.

Drittes Kapitel.

Benennungen der Völker.

Ich kann mich hier in Betreff der Bemerkungen kurz fassen. Ausführlich über die Namen, Wohnsitze und die älteste Geschichte der Dänen, Geáten und Sweón hat gehandelt Dederich in seinem vortrefflichen Buche: Historische und geographische Studien zum angelsächsischen Beówulfsliede. Köln 1877.

§ 1. Die Dänen.

Zu 1. Die meisten Benennungen, welche die Dänen erhalten, und zwar nicht nur in der Einleitung, die nach Dederich a. a. O. S. 76 einen entschiedenen Anlauf zur Verherrlichung der Dänen und ihres Königsgeschlechtes nimmt, sondern auch in den drei ersten Liedern, sind für sie höchst ehrenvoll. Auf die grosse Ausbreitung der Dänen nach allen vier Himmelsrichtungen hin deuten die Benennungen *Norð-, Súð-, Eást-, West-Dene.* Wenn V. 383 (B) die Dänen *West-Dene,* dagegen bereits V 392 (I) *Eást-Dene* genannt werden, so ist der Grund hierfür nicht darin zu suchen, dass ersteres an interpolierter, letzteres an echter Stelle steht, sondern darin, dass der Dichter wegen der Alliteration in Verlegenheit war. Auf die hervorragenden kriegerischen Eigenschaften der Dänen, welche sie übrigens im Verlaufe des Gedichtes durchaus nicht bethätigen, deuten *Gár-Dene* und *Hring-Dene* hin. Ihre sonstige Tüchtigkeit hebt *Beorht-Dene* hervor.

Zu 2. *Scyldingas* werden die Dänen nach ihrem Königs-
geschlechte, welches von Scyld Scéfing sich herleitet, genannt.
Auffällig muss es erscheinen, dass die Dänen an einer
Stelle des II. Liedes *wine Scyldinga* genannt werden. Ich
kann mir dieses nur so erklären: Entweder ist die Stelle
corrumpiert, was ich für das Wahrscheinlichere halte, oder es
sind hier unter den *Scyldingas* nicht die Dänen, sondern das
Königshaus derselben zu verstehen, so dass also *wine Seyldinga*
verwandt wäre mit *Ingwine* (3). Simrock übersetzt die betreffende Stelle durch

den Dänen allen ward
den werthen Scyldingen wehe zu Mute.

Zu 3. Besonders wichtig ist das Wort *Ingwine.* Es
findet sich nur zweimal vor, und zwar beide Male im II. Liede.
Aus diesem Grunde zumal will Müllenhoff schliessen, dass
das zweite Lied einen besonderen Verfasser haben müsse. Wenngleich auch ich es auffällig finde, dass ein so characteristisches
Wort sich zweimal in einem und demselben Teile des Gedichtes
und nur in diesem zeigt, so scheint mir doch dieser Grund
zu äusserlich und zu unbedeutend, um daraus einen so weit-
gehenden Schluss zu ziehen. In dem bisherigen Teile meiner
Untersuchung haben sich noch keine Abnormitäten im Wortgebrauche für das zweite Lied ergeben, und auch der folgende
Teil derselben wird keine aufbringen können. Der eine Grund,
den Müllenhoff noch zur Begründung seiner Ansicht vorbringt
(H. Z. XIV., 212), dass nämlich Beówulf im II. Liede zweimal
þeóden heisse, im ersten Liede dagegen an keiner Stelle, scheint
oben (Kap. II, § 1, A, c) entkräftet worden zu sein.

Zu 4. Der Name *Hrédmen* (siehe über diesen Dederich,
a. a. O. S. 35 ff.) für das Dänenvolk findet sich nur einmal, und
zwar an interpolierter Stelle des ersten Liedes vor. Ein von
demselben Stamme *hréð* (Ruhm) gebildeter Eigenname ist
Hréðric (Sohn Hróðgârs), welchen A (V. 1190, 1837) kennt.

Zu 5. Dass unter den *eaforan Ecgwelan* die Scyldinge
zu verstehen sind, geht aus der diesem Worte beigefügten
Apposition *Âr-Scyldingas* hervor. Ueber Ecgwela siehe Heyne
im Stammregister zum Beówulf. Die betreffende Stelle ge-
bot gewissermassen, die Dänen als Söhne Ecgwelas zu bezeichnen.

§ 2. Die Geáten.

Zu 1 wüsste ich nicht viel zu bemerken. Dass die Geáten nur in I Geát-mecgas, nur im dritten Liede (A) *Sæ-Geátas*, nur in B *Gûð-Geátas* genannt werden, darüber wird man wol hinwegsehen können.

Zu 2. Warum die Geáten *Wederas* etc. heissen, erklärt unser Gedicht ebensowenig, als warum die Dänen *Ingwine* oder *Hrêðmen* genannt werden. Siehe über den Namen *Wederas* Dederich, a. a. O. S. 77 ff.

Zu 3. Vers 2961 wird *Hrêðlingas* wohl nur auf die Geáten bezogen werden können. Wir würden bei dem Worte *Hrêðlingas* derselben Erscheinung begegnen, welche sich auch bei dem Worte *Scyldingas* zeigte und sich ebenso bei dem Worte *Scylfingas* (siehe § 3) zeigen wird, dass nämlich ein Volk sich nach seiner Königsfamilie nennt. Der älteste bekannte König der Geáten ist Swerting, der Grossvater Hygelâcs. Aber nicht nach ihm, sondern nach seinem Sohne Hrêðel nennt sich das geátische Königshaus und darnach auch das geátische Volk.

§ 3. Die Sweón.

Dieses Volk tritt nur in Episoden des vierten Liedes auf, welche von den Kämpfen der Geáten und Scylfinge handeln und natürlich dem Interpolator B zugeschrieben werden.

Zu 2. Wie die Dänen *Scyldingas*, die Geáten *Hrêðlingas*, so werden auch die Sweón nach ihrem Königshause *Scylfingas* genannt. Die Scylfingas werden auch an einer Stelle des IV. Liedes erwähnt, nämlich V. 2604, wo Wíglâf ein *leód Scylfinga* heisst. Hierüber ist in Kap. II, § 5, A das Nötige bemerkt worden.

Ehrende Benennungen der Schweden sind *Gûð-Scylfingas* und *Heaðo-Scylfingos*, welche beide die hervorragenden kriegerischen Eigenschaften jenes Volkes betonen. Ein *Heaðo-Scylfing* heisst in der Einleitung, V. 63, auch Ongenþeów, der nach Ettmüllers Conjectur der Gemahl der Elan, der Tochter des Königs Healfdene, ist. Siehe Heyne, a. a. O. S. 83.

Viertes Kapitel.

Bewaffnung. Kampf.

Eine Zusammenstellung und Besprechung aller der Worte,, durch welche im Beówulfsliede die Waffen bezeichnet werden wird des Interessanten viel darbieten können. Von vornherein ist zu erwarten, dass die Zahl der Benennungen und Epitheta der Waffen eine sehr grosse sein muss; in wie hohem Masse diese Erwartung bestätigt wird, lehrt ein Blick auf das im ersten Teile der Arbeit unter IV gegebene Verzeichnis derselben.

Schutzwaffen besitzen die Krieger des Beówulfsliedes drei, nämlich Brünne, Helm und Schild. Als Angriffswaffen dienen ihnen Schwert, Speer, Bogen und Pfeil, sowie das kurze Hüftmesser, der Sax. Wir wollen nun sehen, wie diese einzelnen Waffen im Beówulfsliede bezeichnet werden und welche Epitheta sie erhalten.

A. Schutzwaffen.

§ 1. Rüstung. Brünne.

Ich habe in diesen Abschnitt auch die Worte hineingebracht, welche „kriegerische Rüstung" im Allgemeinen bedeuten. Es sind deren nur wenige; zudem berühren sich die Begriffe „Rüstung" und „Brünne" in unserem Gedichte vielfach.

Zu 1. Das gebräuchlichste Wort für Brünne ist *byrne,* welches sich als Simplex besonders oft im vierten Liede vorfindet. *Byrne* und seine Composita erhalten verschiedene Epitheta, die wir jetzt etwas näher betrachten wollen. *Hringed* heisst die Brünne, weil sie aus ineinandergeflochtenen Ringen besteht. Dasselbe besagen *gebrogden (brogden),* (siehe auch 3, 4, 7, *serce, beadu-hrägl* und *breóst-net*) und *hand-locen (locen).* Zu letzterem vergleiche *leoðo-serce locen* unter No. 3. Das Epitheton *beorht* erhält die Brünne nur einmal, *heard* kommt ausser mit *gúð-byrne* auch mit *here-net* (7) verbunden vor. Unter einer *sid byrne* ist nach Heyne (Glossar s. v.) eine solche zu verstehen, welche auch die Beine bedeckt.

Zu 2 und 3. Nächst *byrne* werden *searu* und *serce* am häufigsten angewandt. Ersteres bezeichnet alles, was zur Rüstung eines Kriegers gehört, letzteres bedeutet „Waffenhemd", also die Brünne speciell, und ist demnach mit *byrne* verwandt.

Die drei genannten Benennungen der Brünne finden sich teils in einfacher Form, teils als Composita in fast allen Teilen des Gedichtes vor; *searu* fehlt in B, *serce* in II.

Zu den Epithetis von *searu* ist noch folgendes zu bemerken. *Geatolic* wird auch vom Schwerte gesagt, siehe B, I, 6, *fúslic* ist ein recht passendes Epitheton zu *fyrd-searu;* es findet sich als solches im I. und IV. Liede vor.

Zu *græg*, einem Epitheton von *serce*, vergleiche B, I, 1 und B, II, 2. Das Wort *græg* heisst in diesem Falle „eisern", von der grauen Farbe des Eisens.

Zu *swát-fáh* vergleiche *sweord swáte fáh*, B 1287 unter B, I, 1.

Zu 4 wüsste ich nicht viel zu bemerken. Dem Worte *beadu-hrägl* lässt sich *beadu-serce* (8), dem *fyrd-hrägl* das Wort *fyrd-searu* (2) an die Seite stellen.

hrägla sêlest, Hrêðlan láf, Wêlandes geweorc ist Beówulfs Brünne. Dieselbe heisst auch *beadu-scrúda betst* (10), *searo-net, seówed smiþes or-þancum* (7), etc. Wie Beówulf für den besten der Krieger, so wird auch seine Brünne für das beste der Kampfgewänder erklärt. Sie ist ein Erbstück seines Grossvaters Hrêðel (*Hrêðla* ist identisch mit *Hrêðel*, siehe B u g g e, Zeitschrift für deutsche Philologie Bd. IV. S. 197) und ein Werk des sagenberühmten Schmiedes Wêland (Wieland). Welch hohen Wert Beówulf auf sie legt, geht daraus hervor, dass er Hrôðgâr bittet, sie Hygelâc zurückzusenden, falls ihn (Beówulf) der Tod durch Grendel ereilen sollte.

Zu 5. Das Wort *gewæde* ist ebenfalls ein Collectivbegriff, wie *searu*, und findet sich in der Verbindung *wæpen and gewæde* (V. 292 I) vor, Ersteres wird wohl auf Angriffs-, letzteres auf Schutzwaffen hindeuten.

Zu den Compositis von *gewæde* ist nichts zu bemerken.

Zu 6. Geatwe (Plur.) bedeutet „Ausrüstung, Schmuck" (V. 3089 von den Schätzen in der Drachenhöhle). In seinen Compositis bezieht es sich auf kriegerische Rüstung; die unter 6 verzeichneten bedeuten alle „Kampfrüstung". Am wirkungsvollsten unter ihnen ist *gryre-geatwe*, welches sich im ersten Liede an höchst prächtiger Stelle vorfindet.

Zu 7. Das Wort *net* giebt uns, wie die Epitheta *brogden, locen*, welche die Brünne erhält, ebenfalls Aufschluss über die Beschaffenheit des Panzers. Er glich in der That einem Netze, indem er aus eisernen, ineinander geflochtenen Ringen bestand. Noch mehr als *net* deutet *hring-net* darauf hin.

6

Zu 8. *Hring* ist ein Ausdruck der Kategorie pars pro toto.

Zu 9—13. Die nun noch übrigen Bezeichnungen der Brünne sind sämtlich ἅπαξ λεγόμενα, welche sich auf drei Teile des Gedichtes, I, A und B verteilen. Sie bezeichnen, mit Ausnahme von *heaðo-reáf*, alle die Brünne als Schlacht- oder Kriegskleid. *Heaðo-reáf* hat eine etwas weitergehende Bedeutung, indem es sich auf die Ausrüstung für den Kampf erstreckt.

§ 2. Helm.

Schlüsse hinsichtlich der Composition des Gedichtes lassen sich meines Erachtens aus den unter II angeführten Worten wol kaum ziehen. Ich werde mich deshalb auf einige allgemeine Bemerkungen beschränken.

Zu 1. Das Wort *helm* erhält mehrfache Epitheta. Aus ihnen geht unter anderem hervor, dass die Angelsachsen ihre Helme oft kostbar ausstatteten, so aus *hyrsted golde, gold-fáh;* vergleiche auch Nr. 4, *swin eal-gylden.* — *Heaðo-steáp* (II und A) bezeichnet den Helm als einen „im Kampfe hervorragenden“; ähnlich heisst im IV. Liede der Schild *steáp,* siehe III, 2. — Dass der Helm an einer Stelle ein „von Riesen verfertigter“ heisst, darf nicht auffallen, da auch besonders vorzügliche Schwerter (siehe B, I, 1) als Werke der Riesen gelten. So gerade an der betreffenden Stelle, V. 2980.

> *eald sweord eotonisc, entiscne helm,*

von Eofor's Waffen.

Das Compositum *grim-helm,* sowie die unter 2 verzeichneten Worte *here-grima* und *beadu-grima* deuten darauf hin, dass die angelsächsischen Helme mit Visir versehen waren.

Heyne erwähnt in seinem Glossar das Wort *heaðo-helm* und als Belegstelle für dasselbe V. 3157. Ich muss gestehen, das Wort weder an diesem, noch an einem anderen Orte gefunden zu haben.

Zu 3 und 4. Als Helmzier dienten Eberbilder *(eofor-líc* und *swîn-líc);* nach ihnen wird auch der ganze Helm *eofor* oder *swîn* genannt,

Zu 5. Eine höchst poetische Bezeichnung des Helmes ist das im IV. Liede sich vorfindende *wig-heafola* (Kampfhaupt). Der Helm ist im Kampfe gleichsam das zweite Haupt des Kriegers, ohne ihn ist er machtlos.

§ 3. Schild.

Die meisten Belegstellen der unter III verzeichneten Worte gehören, und zwar naturgemäss, dem vierten Liede an, weil hier ein Kampf geschildert wird, in welchem der Schild eine grosse Rolle spielt. Die Kämpfe gegen Grendel und dessen Mutter besteht Beówulf bekanntlich, ohne sich des Schildes zu bedienen. — In dem von A verfassten Teile des Gedichtes wird der Schild kein einziges Mal erwähnt.

Das gebräuchlichste Wort für „Schild" ist nicht *scyld*, wie man erwarten sollte, sondern *rand* mit seinen Compositis ; an zweiter Stelle kommt *scyld*, dann *bord*. *Scyld* entspricht genau unserem deutschen Worte „Schild", *rand* bedeutet eigentlich „Rand, Schildrand", *bord* heisst ursprünglich „Brett".

Zu 1. Die Schilde Beówulfs und seiner Gefährten erhalten das Epitheton *fätte*. Es legt auch dieser Umstand, wie manche andere, ein Zeugniss von der verschwenderischen Pracht ab, mit welcher diese auserlesene Schaar ausgerüstet war.

Zu 2. Zu dem Epitheton ornans *steáp* vergl. II, 1 ; zu *sid-rand* siehe Nr. 1, wo *scyld* das Epitheton *sid* erhält.

Zu 3. Einen *wig-bord eal-íren*, *wrätlic* (B) lässt sich Beówulf verfertigen, als er zu seinem letzten und schwersten Kampfe auszieht. Sein Schild hält denn auch dem Feueratem des Drachen stand, während Wigláfs Schild, der eine Linde *(lind*, V. 2611, siehe 6) genannt wird, verbrennt.

Zu 4. Aus *bord-wudu* geht hervor, dass die Schilde, welche die Krieger des Beówulfsliedes führen, gewöhnlich aus Holz verfertigt wurden.

Zu 5. *Bord-hreóða* bezeichnet nach Heyne den Schild mit besonderer Betonung seines Ueberzuges.

Zu 6. An drei Stellen unseres Gedichtes heisst der Schild eine „Linde"; er führt diese Benennung wahrscheinlich, weil er aus Holz gefertigt und mit Lindenbast überzogen war. Hierauf deutet auch das Epitheton *geolo* (IV) hin, welches *lind* erhält, ferner das Compositum *geolo-rand* (B; siehe 2).

Zu 7. Der Schmuck des Schildes, das Schildzeichen, das wahrscheinlich in der Mitte desselben angebracht war, heisst *byrdu-scrûd*.

B. Angriffswaffen.

§ 1. Schwert.

Dass die meisten Belegstellen der einschlägigen Worte den
Versen des Interpolators B zukommen, darf uns nicht wundern,
wenn wir die Stellen nicht theologisierenden Inhaltes betrachten,
welche auf Rechnung dieses Verfassers gesetzt werden. Im
ersten Liede sind es unter anderem Verse, welche von dem
Kampfe Beówulfs mit Ungeheuern, von seinen Abenteuern bei
dem Wettschwimmen mit Breca handeln. Oder es sind Verse,
in welchen Beówulf seinen Entschluss kundgiebt, sich gegen
Grendel keines Schwertes zu bedienen, und solche, in welchen
erzählt wird, dass Grendel sich nicht durch menschliche
Schwerter verwunden lasse. In den übrigen Teilen des Gedichtes enthalten die auf B entfallenden Verse meistens Episoden,
darunter vorwiegend Kampfschilderungen, in denen natürlich des
Schwertes sehr oft Erwähnung geschieht. — So ist es wol erklärlich, wenn sich ein Wort, welches den Begriff „Schwert"
wiedergiebt, für gewöhnlich bei B häufiger vorfindet, als in den
übrigen Teilen des Gedichtes, ja, wenn zuweilen (wie bei *sweord*
und *mêce*) B mehr Belegstellen aufweist, als die übrigen Teile
des Gedichtes zusammengenommen.

Das Schwert ist die vornehmste Waffe der Krieger im
Beówulfsliede; ihm widmet deshalb der Dichter auch eine
Menge von teils mehr, teils minder poetischen Benennungen
und Epithetis. Die gebräuchlichste Bezeichnung ist *sweord,*
demnächst kommen *bil, mêce wæpen, iren* und *ecg. Wæpen*
bedeutet „Waffe", und zwar, wie wir oben (A, § 1, Bemerkungen
zu 5) gesehen haben, „Angriffswaffe"; hieraus ergiebt sich die
Bedeutung „Schwert", welches ja die vorzüglichste Angriffswaffe
ist, von selbst; *iren* ist von dem Material, aus welchem die
Schwerter verfertigt wurden, auf diese selbst übertragen worden,
gerade so, wie lat. „ferrum". *Ecg* ist ein Ausdruck pars pro toto,
da es ursprünglich „Schneide des Schwertes" bedeutet; ihm am
nächsten steht *bil*, welches ebenfalls das Schwert als schneidendes
Instrument bezeichnet. Ueber *mêce* weiss ich nichts zu bemerken.

Zu 1. Die Epitheta, welche *sweord* erhält, sind sehr zahlreich. Zu ihnen ist folgendes zu bemerken.

Zu *nacod* (I) vergleiche 2, wo auch *gúð-bil* (B) mit diesem Epitheton verbunden erscheint.

Heard, welches sich meistens auf die Schärfe des Schwertes bezieht, ist das gewöhnlichste Epitheton desselben. Ausser *sweord* werden noch *wæpen* (6), *hring-mæl* (7) und *láf* (8) von ihm begleitet. Ferner existiert von *ecg* (4) das Compositum *heard-ecg*.

Das nächst *heard* gebräuchlichste Epitheton des Schwertes ist *fáh*, das sich fast nur bei *sweord* vorfindet. Nur einmal erhält auch *ecg* dieses Epitheton, und zwar heisst es von Hrunting, dem vortrefflichen Schwerte, welches Hûnferð dem Beówulf zu seinem Kampfe gegen Grendels Mutter leiht:

ecg wäs íren, áter-tánum fáh

(siehe unter ecg, No. 4).

Sweord swáte fáh (vergleiche *swát-fáh* A, I, 3) steht in einem hübschen Gleichnisse, einem der wenigen, welche das Beówulfslied überhaupt aufweist. Es heisst an der betreffenden Stelle (V 1283—88)

wäs se gryre lässa

(der Schrecken, den Grendels Mutter unter den Dänen verursachte)

efne swá micle, swá bið mägða cräft,
wíg-gryre wífes be wæpned-men,
þonne heoru bunden, hamere geþuren,
sweord swáte fáh swín ofer helme,
ecgum dyhtig andweard scireð.

Müllenhoff schreibt dieses Gleichnis, jedenfalls mit Unrecht, dem Interpolator B zu.

Wreoðen-hilt and wyrm-fáh (A) wird das Riesenschwert in Grendels Wohnung genannt.

Leóht (B) und *scír* (I) (*hring-íren*, s. 5) sind synonym, beide ausserdem dem *fáh* verwandt.

Ecgum þyhtig (II) und *ecgum dyhtig* (B) stehen einander und *ecgum ungleáw* (*láf* (IV), s. 8) sehr nahe.

Zu *hyrsted* (I) vergleiche A, II, 1, wo dasselbe Wort von B auf den Helm angewandt wird.

Zu *bunden golde* siehe auch No. 11, *heoru bunden*. Das Wort *bunden* kann nach Heyne (Glossar) zweierlei bedeuten, entweder ein Schwert, dessen Griff mit Gold ausgelegt ist, oder ein Schwert, an dessen Hefte sich goldene Ketten befinden.

Eald sweord eotonisc werden in unserem Gedichte dr ei besonders tüchtig gepriesene Schwerter genannt. Zunächst eir dem das betreffende Epitheton am ehesten zukommt, c Riesenschwert in Grendels Wohnung (II 1559), dann Wiglâ Schwert (IV 2617), endlich Eofors Schwert (B 2980), n welchem dieser den Schwedenkönig Ongenþeów erschlägt.

Das Riesenschwert heisst bei A *eald sweord eácen*. ? *eácen* vergleiche 4 und II, I, C, 34.

In Betreff von *gamol* siehe Bemerkungen zu *láf*. Gam, *and græg-mæl* wird Nägling genannt, das Schwert, dessen sic Beówulf im Drachenkampfe bedient.

Deór legt Zeu nis dafür ab, wie hoch die Angelsachse ihr Schwert schätzten. Vergleiche 5 und 14

Zu den Compositis von *sweord* habe ich noch folgendes z bemerken.

Zu *maððum-sweord* (II) vergleiche das Simplex *máðun* (ebenfalls II). Ein besonders kostbares Schwert, ein *maððum sweord*, erhält Beówulf von Hróðgâr mit anderen Geschenkei als Lohn für seinen Sieg über Grendel.

Ein *wæg-sweord wrättlic* ist Hrunting.

Zu 2. *Billa sélest* heisst Húnlâfing, das Schwert, welche: Finn dem Hengest „auf den Schooss legt."

Sige-eádig bil ist eine Benennung des Riesenschwertes. Diese rechtfertigt es denn auch, indem es Beówulf den Sieg verleiht, den er mit Hrunting, welches nicht „beissen" wollte, nicht erringen konnte.

Zu 3. Hrunting wird auch *häft-méce* genannt. — *Brád* als Epitheton des Schwertes findet sich nur an der einen angeführten Stelle. Doch wird *brád* auch vom Sax gesagt, siehe IV.

Zu 4. Ueber die Bedeutung von *ecg* ist schon gesprochen worden Zu dem Epitheton *brún* (IV) vergleiche einmal A, II, 1 (*brún-fáh*, im IV. Liede auf den Helm bezogen), dann *brún-ecg* s. IV; vom *seax* (B).

Zu 5. *Leóf lic* wird auch auf Personen bezogen und bedeutet dann „theuer", „wert", so von Wiglâf, siehe II, V, C, 5; hier steht das Wort im IV. Liede, während es auf das Schwert angewandt in B. steht.

íren ær-gód wird II 990 allgemein gebraucht; B 2587 wird Nägling in dieser Weise bezeichnet. Ebenso steht *írenna cyst*

B 803 im allgemeinen Sinne; I 674 ist Beówulfs Schwert, A 1698 das Riesenschwert darunter zu verstehen. Das dem *irenna cyst* entsprechende *wæpna cyst* (6) findet sich im II. Liede vor.

Zu 6. Unter dem *wæpna cyst* (II), welchem nach Müllenhoff der Interpolator B die Prädicate *gôd and geatolîc, giganta geweorc* giebt, ist das Riesenschwert zu verstehen, von dem schon öfter die Rede war.

Zu 7. *Hring-mæl*, welches von H e y n e in seinem Glossar als mutmassliches Adjectiv hingestellt wird, möchte ich an den beiden angeführten Stellen lieber als Substantiv und als ein Compositum von *mæl* „Schwert", nicht von *mæl* „Mal" fassen. *Hring-mæl* würde dann wol dem Worte *hring-îren* (Nr. 5) entsprechen. Entschiedenes Adjectiv ist das Wort V. 2038 (siehe 8), wo es in der Verbindung *heard and hring-mæl* (B) steht.

Ein *wunden-mæl* wird Hrunting genannt. Es führt an der betreffenden Stelle die Epitheta *wrättum gebunden* (II) und *stîð and stŷl-ecg* (B).

Zu 8. Wie hoch die Angelsachsen das Schwert schätzten, geht daraus hervor, dass es die Benennung *lâf* „kostbarer, vererbter Gegenstand" erhält. Der Begriff *lâf* wird durch die Epitheta *eald* und *gamol* noch verstärkt. Unter der *gamol lâf, ecgum ungleáw* ist Nägling zu verstehen; unter der *gomelra lâf, heard and hring-mæl* das Schwert des Heaðobeardenkönigs.

Die Bedeutung von *incge* lässt sich nicht genau feststellen.

Hrêðles lâf, golde gegyred (siehe auch A, I, 4) wird Beówulf von Hygelâc „auf den Schooss gelegt". Es heisst von diesem Schwerte (V. 2193 f.):

> *näs mid Geátum þâ*
> *sinc-maððum sêlra on sweordes hâd.*

Hygelâc macht Beówulf damit ein Gegengeschenk für die Schätze, welche jener ihm verehrt hat. Es war dieses der grösste Teil der Geschenke, die der Sieger über Grendel und Grendels Mutter von Hrôðgâr erhalten hatte.

Eigentümliche, meiner Ansicht nach sehr weit hergeholte und nicht gerade poetische Bezeichnungen des Schwertes sind *fêla lâf* (Nachlass der Feilen) und *homera lâf* (Nachlass der Hämmer); ersteres gehört II, letzteres B an.

Zu 9. Das Wort *secg* ist ein ἅπαξ λεγόμενον und gehört

dem ersten Liede an. Doch wird man hieraus keinen Schluss ziehen können, da die Benennungen des Schwertes sehr zahlreich sind, auf ἅπαξ λεγόμενα als s o l c h e deshalb wenig Wert zu legen ist. Zud.m steht *secg* seiner Bedeutung nach dem *ecg* sehr nahe.

Zu 10. Herrliche Benennungen des Schwertes sind *beado-leóma* und *hilde-leóma*, ihrer Bedeutung nach einander verwandt. Ersteres gehört II, letzteres B an. Durch diese beiden Worte giebt der Dichter in schlichter, aber wirkungsvoller Weise das Blitzen des Schwertes im Kampfe wieder.

Zu 11. Heoru als Simplex ist nur an e i n e r Stelle (bei B) belegt, in Compositis aber findet es sich öfter, und zwar in verschiedenen Teilen des Gedichtes.

Zu 12. Mägen-fultum (A) wird das Schwert genannt in Anerkennung der vortrefflichen Dienste, welche es dem Helden leistet.

Zu 14. Zu *máðum* vergleiche *mað ðum-sweord* unter **Nr. 1.** Dass diese beiden Benennungen des Schwertes dem II. Liede angehören, ist ohne Bedeutung; Schlüsse lassen sich jedenfalls nicht daraus ziehen.

§ 2. Der Speer.

Der Benennungen des Speeres sind nur wenige im Vergleiche zu denen, welche das Schwert erhält. Unter diesen wenigen aber sind verschiedene, welche durch dichterische Schönheit ausgezeichnet sind.

Die Verteilung der Belegstellen der einschlägigen Worte auf die einzelnen Abschnitte des Gedichtes giebt zu keinerlei Bedenken Anlass, wenn man deren Inhalt berücksichtigt. Im zweiten Liede geschieht des Speeres nur ein einziges Mal Erwähnung; als die Dänen sich zur Ruhe begeben, hängen sie ihre Waffen, darunter auch den Speer, über ihren Häuptern auf.

Zu 1. Gár, welches sich in I, A und B vorfindet, erhält einmal in B das Epitheton *morgen-ceald.* Eine Erklärung dieses Wortes giebt H e y n e in seinem Glossar: „Der Geer, den auf nächtlichem Kriegszuge die eisige Morgenluft gekältet hat.“

Zu 2. Äsc bedeutet ursprünglich „die Esche“; der Speer wird so genannt, weil sein Schaft aus Eschenholz verfertigt war und oben eine eiserne Spitze trug (*ufan græg*, oben grau, d. h. eisern). — *Äsc* gehört A, *äsc-holt* I. an.

Zu 3. *Here-sceaft* und *wǽl-sceaft* sind beide Eigentum des I. Liedes. Mit *wǽl-sceaft* synonym und der Bildung nach verwandt ist *wǽl-steng* (6), welches sich in A vorfindet.

Zu 4 und 5. Höchst sinnreiche (wenn man so sagen darf) Bezeichnungen des Speeres sind die beiden Synonyma *mägenwudu* (I) und *þrec-wudu* (II). Am Speere kann ein Krieger am ehesten seine Kraft erproben; je weiter er ihn zu schleudern vermag, desto würdiger wird er sein, Waffen zu tragen.

Zu 7. *Daroð* ist ein ἅπαξ λεγόμενον, doch ohne prägnante Bedeutung.

Zu 8. *Eofor-spreót* ist eine besondere Art des Speeres, ein Jagd-, eigentlich Eberspiess. Mit Eberspiessen, die mit Widerhaken versehen *(heoru-hóciht)* sind, wird der von Beówulf erlegte *nicor* an das Land gezogen.

§ 3. Bogen und Pfeil.

Bogen und Pfeil werden im Beówulf nur selten als Waffen verwandt. Mit einem Pfeile tötet Beówulf einen *nicor* (V. 1433 ff); durch einen unglücklichen Pfeilschuss raubt Hæðcyn seinem Bruder Herebeald das Leben (V. 2436 ff.).

Zu a sowol, als auch zu b wüsste ich kaum etwas zu bemerken.

Zu a, 2. Der Bogen heisst *horn-boga*, weil er in zwei Spitzen, gleichsam in zwei Hörner ausläuft (nach Grein), vielleicht aber auch, weil er aus Horn verfertigt wurde.

Zu b, 4. *Sceaft feðer-gearwum fús* kann jedenfalls nur der Pfeil sein. Durch diese Deutung gewinnen freilich die Verse 3118—20

> þonne stræla storm, strengum gebæded,
> scóc ofer scild-weall, sceft nytte heóld,
> feðer-gearwum fús fláne full-eode

keinen rechten Sinn.

Heyne übersetzt den letzten Teil dieser Verse (Glossar unter *full-gán)* „wenn das Geschoss Dienst hatte, das durch Befiederung gerüstete dem Pfeile nacheiferte (es wie der Pfeil machte). Da nun „das durch Befiederung gerüstete Geschoss" und „der Pfeil" identisch sind, so würden die letzten Verse bedeuten, „wenn der Pfeil es wie der Pfeil machte". — Der Sinn der betreffenden Verse ist nicht recht klar, Heyne's Erklärung derselben scheint mir nicht vollkommen befriedigend zu sein.

§ 4. Sax.

Der Sax (ags. *seax*) ist ein kurzes Hüftmesser, dessen sich von den deutschen Völkern namentlich die Sachsen bedienten, die nach ihm ihren Namen erhalten haben sollen.

Grendels Mutter sucht Beówulf mit einem Saxe, der breit und mit eiserner Schneide versehen ist *(brád and brún-ecg)* zu durchbohren, vermag es aber nicht, da ihn die Brünne schützt.

Auch Beówulf führt im vierten Liede einen Sax *(wäl-seax)* und schneidet damit den Wurm mitten entzwei, V. 2703 ff. Beówulfs Sax führt die Epitheta *biter and beadu-scearp. Biter* wird auch der Pfeil genannt, siehe III, b, 3. Zu *beadu-scearp* vergleiche das synonyme Wort *heaðo-scearp* unter I, 8.

C. Kampf.

Wenn wir die Uebersicht aller Worte, welche Kampf bedeuten, betrachten, so tritt uns manches Auffällige entgegen, wofür sich jedoch in allen Fällen leicht eine Erklärung finden lässt. Dass z. B. sehr viele Belegstellen auf den Anteil des Interpolators B am Gedichte fallen, erklärt sich vielleicht z. T. aus dem, was in B, § 1, bemerkt wurde.

Um den Begriff „Kampf" wiederzugeben, stehen dem Dichter (resp. den Dichtern) des Beówulfsliedes eine grosse Zahl von Worten zur Verfügung. Die gebräuchlichsten unter ihnen sind *gúð, hild, nið, fæhðe, wíg* und *sacu. Gúð* und *wíg* bedeuten „Kampf" schlechthin ; einen wesenslichen Unterschied habe ich zwischen ihnen nicht wahrnehmen können. Zuweilen folgen sie in kurzen Zwischenräumen auf einander. So z. B. steht V. 1657 (A) *wíg*, zwei Verse weiter dagegen *gúð*, beide Male handelt es sich um denselben Kampf, nämlich um den zwischen Beówulf und Grendels Mutter. *Hild* (von *hellan*) bedeutet „das Getöse", also „das Getöse des Kampfes".

Nið, fæhðe und *sacu* bedeuten ursprünglich „Feindschaft", woraus sich dann die Bedeutung „Kampf" entwickelt hat. Oftmals sind beide Bedeutungen nur schwer von einander zu trennen ; ich habe deshalb bei *nið* nur d i e Belegstellen weggelassen, wo es entschieden „Feindschaft, Neid" hiess, bei *fæhðe* und *sacu* dagegen, wo die Sache schwieriger war, alle Belegstellen angeführt. Zweifelhaft kann man bei *sacu* in den Versen 154, 1858 und 2030 sein.

Zu 1. Dass das Wort *gûð* im ganzen zweiten Liede nicht gefunden wird, ist gewiss auffällig. Doch ist dieses wol nur Zufall, weil II von *gûð* mehrere Composita, z. B. *gûð-cearu* (V. 1259), *gûð-geweorc* (V. 982), *gûð-horn* (V. 1433), *gûð-leóð* (V. 1523) kennt.

Zu 3. Wie *gûð,* so hat auch *nið* im zweiten Liede keine Belegstelle. Doch findet sich in diesem Teile des Gedichtes das Compositum *nið-wundor* V. 1366 vor. — *Searo-nið* bedeutet eigentlich „hinterlistiger Kampf"; seine ursprüngliche Bedeutung ist verblasst zu „Kampf" schlechthin.

Zu 6. Dass das Wort *sacu* sich verhältnismässig oft in A vorfindet, wird man wol nur dem Zufall zuzuschreiben haben.

Zu 7. Das Wort *feohte* weisen II und B auf, I kennt das Compositum *were-fyhte.*

Zu 8. *Gefeoht,* das jedenfalls mit *feohte* zusammenhängt, findet sich nur bei B. Ein sühneloser Kampf (*feoh-leás gefeoht*) wird der Mord Herebealds durch seinen Bruder Hæðcyn genannt, eine gewiss treffende Bezeichnung.

Zu 9. Die hier verzeichneten Worte haben ihre Belegstellen in allen Teilen des Gedichtes, mit Ausnahme von E und II. *Hand-ræs* wird an der betreffenden Stelle in passender Weise auf den Kampf zwischen Beówulf und Grendel, der ja ohne Waffen ausgefochten wurde, bezogen. *Gûð-ræs, hilde-ræs* und *heaðo-ræs* sind Zusammensetzungen von *ræs* mit drei Synonymis. *Wäl-ræs* hat von allen Compositis von *ræs* die stärkste Bedeutung, da es einen todbringenden Kampf bezeichnet.

Zu 10. *Beadu* als Simplex findet sich nur zweimal vor, und zwar gehören die betreffenden Stellen B an. Das II. Lied hat jedoch das Compositum *beadu-lâc* (Nr. 12) aufzuweisen.

Zu II. *Searu* in der Bedeutung „Kampf" ist ein ἅπαξ λεγόμενον, begegnet aber in anderen Bedeutungen häufiger, siehe Heyne, Glossar.

Zu 12 und 13. Von allen Ausdrücken für Kampf erscheinen mir die hier verzeichneten, I, II, A und B angehörigen, besonders characteristisch. Den Kampf als ein „Spiel" oder „Wettspiel" zu bezeichnen, vermochte nur ein Volk, welches unter den Waffen aufwuchs und fast nur dem Waffenhandwerke lebte, wie die Angelsachsen.

Zu 14. *Ecg-þracu* (I), ein ἅπαξ λεγόμενον, welches einen

besonders schweren Kampf bezeichnet (Heyne), wird durch das Epitheton *atol*, mit dem es sich verbunden zeigt, noch wirkungsvoller gemacht. — Von *þracu* existiert noch das Compositum *môd-þracu* (Mutstärke), welches B angehört (V 385).

Zu 15. *Gewin* hat verschiedene Bedeutungen. Als „Kampf" findet es sich nur in B vor, als „Bedrückung" auch E. V. 191.

Zu 17. *Geslyht* ist ein Collectivum, gebildet von dem Worte *slyht* (Schlag). *Geslyht* ist Eigentum des IV. Liedes; ein Compositum von *slyht, and- (ond-) slyht,* weist B auf, V 2930 und 2973.

Zu 18. *Hand-gemôt* (II und B) bedeutet, wie schon der Name besagt, den Kampf aus unmittelbarster Nähe.

Fünftes Kapitel.
Das Meer. Das Schiff.

§ 1. Das Meer und seine Erscheinungen.

Ich glaube, nicht unrecht zu handeln, wenn ich in diesem so ungemein interessanten Abschnitte die Bemerkungen zur Composition des Beówulfsliedes, die ohnehin nur gering sind, auf ein Minimum reduziere, um desto länger bei der Poetik desselben verweilen zu können.

Die gebräuchlichsten Benennungen, welche das Meer führt, sind *mere, brim, holm, sæ, sund, flôd* und *ýða.* Ihrer Bedeutung nach unterscheiden sich diese folgendermassen. Zwischen *mere* und *sæ* wüsste ich keinen Unterschied aufzustellen. *Brim* und *flôd* heissen eigentlich die „Flut", „Meerflut", *ýða* „die Wogen", also, collectiv gefasst, „das Meer". *Holm* bezeichnet das Meer als „verhüllendes", *sund,* welches mit *swimman* zusammenhängt, bedeutet wahrscheinlich „das zu durchschwimmende Meer", d. h. das Meer mit Rücksicht darauf, dass es von Schiffen (auch von Menschen) durchschwommen wird. Ihm nahe steht *wäd* (s. 18).

Zu 1 und 2. Dass sich *mere* im ersten Liede nur in dem Compositum *mere-strǽt, brim* gar nicht vorfindet, darüber wird man wol hinwegsehen können.

Zu 5. Zu *sund* ist zu bemerken, dass man sich seiner ursprünglichen Bedeutung noch bewusst gewesen zu sein scheint. Es findet sich im ersten Liede viermal vor, und zwar gehören zwei Stellen dem Berichte von Beówulfs Seefahrt, die beiden anderen der Episode von Beówulfs Wettschwimmen mit Breca an. An den beiden Belegstellen, welche das zweite Lied aufweist, scheint die eigentliche Bedeutung von *sund* vielleicht ebenfalls zur Wahl dieses Wortes die Veranlassung gegeben zu haben. V. 1427 heisst es, dass manches seltsame Seetier den Sund durchstreift habe; ebenso wird V. 1445 von Beówulf gesagt, dass seine Brünne *sund cunnian* (das Meer erforschen) sollte.

Zu 8. Das Wort *gâr-secg* übersetzt das lateinische „oceanus", siehe Grein, Glossar. Eigentlich bedeutet es (Leo 556, 15) „Spiessried"; auf das Meer wird es nach Leo bezogen, „weil die hochbewegten Wellen das Ansehen eines bewegten Rohrfeldes haben."

Zu 10. *Wäter* ist jedenfalls die farbloseste unter allen Bezeichnungen des Meeres. Aus diesem Grunde erhält es von allen auch die meisten Epitheta.

Zu 12. Die Bedeutung von *eolet* ist fraglich; nach Grein heisst es „Reise", nach Heyne „Meer".

Nr. 13—17 sind sämtlich ἅπαξ λεγόμενα, welche sich auf I, A, IV und B verteilen. Im Uebrigen ist nichts zu ihnen zu bemerken.

Zu 18. *Wäd* bedeutet, ebenso wie *sund*, „die zu durchschwimmende Flut". Wie sich *sund* besonders häufig im ersten Liede vorfand, so gehören *wäd* und *wadu* diesem Teile des Gedichtes ausschliesslich an. Hier war aber auch am ehesten der Ort, derartige Worte zu gebrauchen. Ueber *sund* ist bereits gesprochen worden. Das Wort *wäd* (resp. der Plural *wadu*)' begegnet uns dreimal in der Episode von Beówulfs Wettschwimmen mit Breca, steht also an sehr passender Stelle. (Dasselbe gilt von *ford*, No. 17). — Noch einmal wird uns Beówulf als kühner Schwimmer vorgeführt, nämlich V. 2360 ff. Hier gebraucht der Verfasser (B) zur Bezeichnung des Meeres die Worte *holm* und *sioleða bigong*, und zwar jedenfalls aus Rücksicht auf die Alliteration.

Zu 19—23. Von herrlicher, erhabener Schönheit sind die hier verzeichneten Benennungen des Meeres, von denen jede einem anderen Verfasser angehört. *Sioleða · bigong* bezeichnet das Meer als „Bereich der Buchten", *segl-râd* als „Segelstrasse".

Diese beiden werden an poetischem Gehalte noch übertroffe
von *swan-râd* (die Schwanenstrasse), *hron-râd* (die Walfiscl
strasse) und *ganotes bäð* (des Tauchers Bad). Ein Volk, welche
mit dem Meere und seinen Bewohnern so vertraut war, wie di
Angelsachsen, musste, zumal ihm dichterische Anlage nicl
fehlte, leicht dazu kommen, sich derartige Bezeichnungen de
Meeres zu bilden.

Das wären die allgemeinen, meist die Composition, zu
weilen jedoch auch die Poetik des Beówulf berührenden Be
merkungen, welche ich zu V, I zu machen hätte. Sehen w:
nun zu, in welcher Weise im Beówulfsliede die verschiedene
Erscheinungen des Meeres wiedergegeben werden.

Die Meeresflut (und darnach auch das Meer) heisst *bri*
(2), *holm* (3), *flôd* (6), *streám(as)* (11) (und Composita), *heáð*
(13), *ræg* (15); die Woge *ýð* (7), *flôd-ýð* und ähnlich. S
heisst auch das Meer *flôdes begang* (A) „Bereich der Flut"; (c
sioleða bigong (B), No. 19), ferner, eine sehr schöne Be
nennung, *ýða ful* „Becher der Wogen".

Um die Brandung des Meeres und den Strudel zu bezeichner
steht dem Dichter (oder den Dichtern) des Beówulf ebenfal
eine Fülle von Ausdrücken zu Gebote. Verschiedene Wort
verschafft er sich, indem er einfach das Wort *wylm* (Walle
Wogen) mit synonymen Bezeichnungen des Meeres zusammer
setzt. So bildet er *brim-wylm* (2), *holm-wylm* (3), *sæ-wyl*
(4), so ferner *wæteres wylm* (10). Noch stärkere Ausdrücke
als die genannten, sind *holma geþring* (das Drängen der Meer
flut, der Strudel), *sund-gebland* (das Gemisch des Meeres) un
das ihm synonyme *ýð-gebland*, dann andere Bildungen mit *ýe*
ýð-gewin (Kämpfen der Wogen), *ýða gewealc* (Wälzen de
Wogen), *ýða geswing* (Strudel der Wogen).

Der Meeresgrund wird einfach durch *mere-grund* (1) un
sæ-grund (4) wiedergegeben.

Für „Meerstrasse", „Seeweg" besitzt der Dichter mehrer
Ausdrücke. Zunächst *mere-stræt* (1) und das ihm synonym
lagu-stræt (16), dann die ebenfalls ihrer Form und Bedeutun
nach verwandten *brim-lâd* (2) und *sæ-lâd* (4).

Des aus dem Meere aufsteigenden, alles verhüllende
Nebels wird im Beówulfsliede nur selten gedacht. Im vierte
Liede werden „die Nebel der Fluten" (*flôda genipu* [6]) e

wähnt, ferner heisst es im ersten Liede von Grendel (V. 711),
dass er *of môre under mist-hleoðum* (von dem Moore unter den
Nebelklippen) gekommen sei. Dass die Nebel nur so selten im
Beówulfsliede erwähnt werden, muss um so mehr überraschen,
als die Angelsachsen zur Zeit, als das Beówulfslied abgefasst
wurde, in einem Lande lebten, welches noch heute wegen seiner
Nebel berüchtigt ist.

Auf die Schilderungen des Meeres näher einzugehen, ist
hier nicht der Ort. Man kann aber schon aus der Beschaffenheit der besprochenen Benennungen desselben ersehen, dass der
(oder die) Dichter des Beówulf es verstanden, die verschiedenen
Erscheinungen, welche das Meer darbietet, in farbenprächtiger
Weise wiederzugeben.

§ 2. Das Schiff.

Unter den verhältnismässig zahlreichen Benennungen des
Schiffes sind nur wenige, welche sich über das gewöhnliche
Niveau erheben. Im Gedichte sind zwei Schiffe von besonderer
Wichtigkeit; auf sie concentrieren sich auch die meisten Benennungen und Epitheta. Es ist dieses einmal das Schiff, in
welchem die Leiche des Scyld Scêfing dem Meere preisgegeben
wird, dann dasjenige, welches Beówulf und seine Gefährten zum
Dänenlande und wieder zurück in die Heimat führt. Zwischen
den Worten, die sich auf diese beiden Schiffe beziehen, herrscht
grosse Uebereinstimmung, ebenso zwischen denjenigen, die im
ersten und dritten Liede als Epitheta von Beówulfs Schiff
dienen.

Zu a. (Schiff).

Die gebräuchlichsten Benennungen des Schiffes sind *scip,
naca* und *flota*. Der Unterschied zwischen ihnen ergiebt sich
aus den deutschen Bedeutungen, welche ihnen entsprechen.
Uebrigens wird ein und dasselbe Schiff bald *scip,* bald *naca,*
bald *flota* genannt.

Zu 1. Scip erhält die Epitheta *sîd-fäðme* (A) und *sîd-
fäðmed* (I), die einander entsprechen. Beiden verwandt ist auch
sæ-geáp (A), welches mit *naca* (2) verbunden erscheint.

Zu 3. Auffällig, jedoch von keiner Bedeutung, ist, dass
sich *flota* viermal im I. Liede, in A jedoch nur als Compositum
wæg-flota vorfindet. — Ein wunderbar prächtiges Epitheton des
Schiffes ist *fâmig-heals,* das sich in I (s. 3) und A (s. 10, *sæ-*

genga) vorfindet. Das Rauschen und Tosen der Wogen, welch
den Hals des Schiffes mit Schaum bespritzen, dieses alles ver
mag der angelsächsische Dichter durch *fâmig-heals* wieder
zugeben.

Der Vergleich des Schiffes mit einem Vogel (im erste
Liede), einer der wenigen, die unser Gedicht überhaupt aufzu
weisen hat, ist ein sehr hübscher und passender.

Zu 4. *Für* ist ἅπαξ λεγόμενον, mit *flota* der Bedeutun
nach verwandt.

Zu 5. *Ceól* ist ein Ausdruck pars pro toto ; es bezeichnet
wie das deutsche „Kiel", ursprünglich nur einen Teil des Schiffes
dann dieses selbst. — In Betreff des Epithetons *brant* (sieh
Bemerkungen zu 11. (Vergleiche ferner I, 17, wo *brant* auch
als Beiwort des Meeres erscheint).

Zu 7. *Wudu* bezeichnet das Schiff nach dem Material
aus welchem es verfertigt wird. Als ausschmückende Beiwörte
von *wudu* fungieren *bunden, wunden-heals* und *wynsume* ; z
den beiden ersteren vergleiche No. 8.

Sund-wudu steht im ersten und dritten Liede. Vers 190
wird von dem Verfasser (A) das Schiff als *sund-wudu* be
zeichnet ; dieses mag vielleicht der Grund sein, weshalb in der
nächsten fünf Versen, welche von der Seereise Beówulfs be
richten, das Meer nicht ein einziges Mal die Benennung *sun*
erhält, die am besten am Platze gewesen wäre, siehe Be
merkungen zu I, 5.

Zu 8. In Nr. 8 haben wir drei ihrer Bildung nach sic
entsprechende Worte, deren Belegstellen sich auf vier Teile de
Gedichtes (E, I, A und B) verteilen. *Bunden-stefna* (siehe *bunden*
7) bedeutet einfach „das gezimmerte Schiff". Aus *wunden*
stefna und *wunden-heals* (7) geht hervor, dass der Steven ge
wunden war, vielleicht in eine Figur auslief, wie bei de
späteren Normannenschiffen. *Hringed-stefna* heisst nach Heyn
„das am Steven mit eisernen Ringen beschlagene Fahrzeug."

Zu 9 und 10. *ŷð-lida* und *sœ-genga*, von denen erstere
dem ersten, letzteres dem dritten Liede angehört, sind synonym
Sie sind von allen Benennungen, die das Schiff im Beówulfs
liede erhält, die schönsten.

Zu 11. *Brenting*, welches von dem Adjectivum *bran*

(siehe 5, *brant ceól*) gebildet worden ist, bezeichnet das Schiff als Wogen- und Schaum-Aufwühler.

Zu b. (Teile des Schiffes).

Hierzu ist wenig zu bemerken. Der Boden des Schiffes, gleichsam sein Schooss, heisst *fäðm*, der Steven *stefn*, der Kiel *ceól*, der Mäst *mäst*, das Segel *segl* oder mit einem poetischeren Worte *mere-hrägl*, d. h. „Meergewand". Den meisten der genannten Worte sind wir schon in a begegnet, sie wurden teils als Bezeichnungen des Schiffes (wie *ceól*), teils zur Bildung von Benennungen und Epithetis desselben (wie *stefn* und *fäðm*) verwandt.

Sechstes Kapitel.

Heorot.

In der Verteilung der Belegstellen der im Verzeichnis genannten Worte auf die einzelnen Abschnitte des Gedichtes ist mir nichts Auffälliges begegnet. Dass die meisten dem ersten Liede zukommen, ist durch den Inhalt desselben bedingt.

Heorot, eigentlich „die Hirschburg" führt mannigfache Benennungen. Am häufigsten wird sie *sele*, ein „Saal" genannt, was sie ja auch ist. Dieser Saal selbst diente, wie aus den Compositis von *sele*, *reced*, *heal* und *ärn* (1, 3, 4 u. 5) hervorgeht, verschiedenen Zwecken. So heisst er *gold-sele*, *beáh-sele*, *hring-sele etc.*, weil in ihm der König seinen Unterthanen Schätze spendete; so heisst er ferner *gif-sele*, weil in ihm der Königsthron stand und wichtige Regierungsacte vorgenommen wurden, *gäst-sele*, *win-sele*, *win-reced*, *medu-heal*, *medu-ärn*, *win-ärn etc.*, weil in ihm die Dänen festliche Gelage feierten und Gäste bewirteten.

Nicht genug vermag der Dichter die Grösse und Pracht der Heorot zu preisen. So nennt er sie *dryht-sele*, *reced sélesta*, *fore-mœrost receda*, *húsa sélest* u. s. w. So giebt er ihr ferner die Epitheta *heáh* (1, 6) *beorht* (8), *gold-fáh*, *sinc-fáh* (2) etc.

Im Einzelnen ist noch folgendes zu bemerken.

Zu 1. Heorot wird an einer Stelle auch ein *guð-sele*, ein „Kampfsaal" genannt, und zwar giebt ihr V. 443 Beówulf diese Bezeichnung. In der That verdient Heorot dieselbe auch, weil

Beówulfsliede thätig gewesen sind, nicht statt. Wo sich einig
auffällige Erscheinungen zeigten (z. B. in IV, B, I; in V, I
liessen diese sich meistens erklären.

II) Dagegen stimmen die einzelnen Verfasser im Wort
gebrauche vielfach überein.

III) Namentlich zeichnet sich, wie wir im ersten Kapite
gesehen haben, der Interpolator B, der nach Müllenhof
Geistlicher ist, in der Bezeichnung überirdischer Wesen nicl
wesentlich vor den übrigen Verfassern aus. Worte, die i
höherem Masse christliche Färbung trugen, waren nicht au
schliesslich auf Rechnung von B zu setzen.

IV) Soweit sich auf die Poetik des Beówulfsliedes schliesse
liess, fanden auch hier verschiedene Berührungspunkte zwische
den einzelnen Verfassern des Beówulfsliedes statt, indem all
ohne Unterschied sich teils mehr, teils minder dichterisch
schöner Worte bedienten.

V) Man wird deshalb wohl schliessen dürfen, dass durc
diese Abhandlung die Ansicht Hornburg's, dass die At
wendung der Liedertheorie auf den Beówulf abzuweisen se
dass sich dieses Gedicht vielmehr als die einheitliche Arbe
eines Verfassers darstelle, bestärkt werde. Der letzte Te
desselben, V. 1940—3184, welcher von anderer Hand geschrie
ben ist, weist einige Interpolationen auf, die jedenfalls au
Rechnung des Abschreibers zu setzen sind. Als solche wurde
in unserer Abhandlung, welche jedoch natürlich nicht all
interpolierten Stellen ausscheiden konnte, erkannt die Vers
3039—3076, welche Hornburg ebenfalls für eingeschoben erklär
dann die Verse 2426—2510 und 2900--3030, die Hornbui
als echt beibehalten will.

Nach Müllenhoff hat ein Geistlicher die letzte Han
an das Beówulfslied gelegt. Sollte nicht vielleicht, da, wie w
gesehen haben, das Gedicht nicht von einem Geistlichen inter
poliert sein kann, ein Geistlicher, vielleicht ein Mönch, da
ganze Werk verfasst haben können? Wenn man diese
annimmt, wird man die Verse, welche theologisierenden un
reflectierenden Inhaltes sind, möglicherweise einfacher erklär
können, als es Müllenhoff gethan hat. Dass sie hätten au
fallen können, ist gewiss, doch lässt sich nicht leugnen, dass si

wenigstens in den meisten Fällen, an passender Stelle angebracht
sind. Es wird also wol die Vermutung nahe liegen, dass der
Verfasser des Beówulfsliedes (ein Geistlicher, wie wir annehmen)
nicht einfach objectiv darstellen konnte, sondern sich veranlasst
sah, an geeigneter Stelle auch allgemeine Betrachtungen einzu-
flechten, mit anderen Worten, dass er seinen Stand nicht ver-
leugnen konnte.

Am Schlusse meiner Abhandlung kann ich nicht umhin,
Herrn Professor Dr. Körting in Münster für die freundliche
Unterstützung, die er mir bei Abfassung meiner Dissertation
mit Rat und Tat zu Teil werden liess, meinen tiefgefühlten
Dank auszusprechen.
Münster, im Juli 1882.

Karl Schemann.

Alphabetisches Verzeichnis

der

wichtigsten besprochenen Worte und Ausdrücke.

(Die Zahl bezeichnet die Seite.)

Druckfehler.

Seite 8 Zeile 6 v. u. lies *hûðe hrêmig.*

„ 9 „ 11 v. o. „ *fyrena hyrde.*

„ 11 „ 5 v. o. „ *se mân-sceaða.*

„ 17 „ 3 v. u. „ beide Male „Ecgþeówes".

„ 23 „ 1 v. o. „ Verwandter Älfheres.

„ 24 „ 18 v. o. „ II 1045. 1320.

„ 26 „ 19 v. o. ist zu ergänzen [*hrägla*].

„ 33 „ 15 v. u. lies †*were-fyhte.*

„ 41 „ 1 v. u. „ ἅπαξ.

„ 43 „ 12 v. u. „ *waldend.*

„ 46 „ 2 v. u. „ *won-sǽlig wer.*

„ 47 „ 17 v. o. „ *hǽðene sâwle.*

„ 50 „ 6 v. u. „ IV, 5 und 8.

„ 51 „ 6 v. o. „ *heoro-gifre.*

„ 53 „ 5 v. u. vertausche No. 9 und No. 7.

„ 62 „ 8 v. u. lics Heremôd.

„ 63 „ 9 und 10 v. o. lies beide Male IV statt III.

„ 65 „ 20 v. u. lies *wlonc.*

„ 78 „ 7 v. u. „ *Hrêðric.*

„ 79 „ 9 v. u. „ *Heaðo-Scylfingas.*

Zum ersten Teile.

Ein † ist zu ergänzen bei:

sinnig (S. 10, Z. 11 v. o.), *ealdor-gewinna* (11, 9 v. u.), *gûð-freca* (11, 6 v. u.), *geolo* (28, 10 v. u), *heoru* (31, 12 v. u.), *geþuren* (31, 11 v. u.), *stefn* (37, 10 v. o.), *segl* (37, 12 v. o.), *sinc-fâh* (38, 3 v. o.), *gleó-beám* (39, 1 v. u.).

Ein † ist zu streichen bei *wäl-gǽst* (10, 5 v. o.).

Ein * ist zu ergänzen bei:

nið-draca (10, 6. v. u.), *woh-bogen* (11, 1 v. o.), *nearo-fâh* (11, 11 v. u.), *hring-boga* (11, 3 v. u.), *swîn-lic* (28, 1 v. o.), *wîg-heafola* (28, 2 v. o.), *eal-îren* (28, 16 v. u.), *gûð-sweord* (29, 15 v. u.), *sige-eádig* (29, 7 v. u.), *hilde-mêce* (30, 6 v. o.), *âter-tânum* (30, 12 v. o.), *beado-leóma* (31, 14 v. u.), *hilde-leóma* (31, 13 v. u.), *wäl-sceaft* (32, 7 v. o.), *heoru-hôciht* (32, 15 v. o.), *niw-tyrwed* (36, 14 v. o.), *gð-lida* (37, 3 v. o.), *brenting* (37, 7 v. o.), *bân-fâh* (38, 8 v. o.), *medu-ärn* (38, 18 v. u.). *þryð-ärn* (38, 15 v. u.).

Vita.

Ich, Karl Friedrich Schemann, wurde am
13. September 1860 zu Hagen in Westf. geboren. Meine
Eltern, welche sich beide noch des besten Wolseins erfreuen,
sind Friedrich August Schemann und Emilie
Christiane, geb. Butz. Ich gehöre der evangelischen
Confession an.

Den ersten Unterricht erhielt ich auf einer Elementarschule
meiner Vaterstadt. Ostern 1870 wurde ich auf die Realschule
I. Ordnung zu Hagen aufgenommen und besuchte diese neun
Jahre. Mit dem Zeugnisse der Reife entlassen, bezog ich
Ostern 1879 die Universität Bonn, um mich philologischen und
historischen Studien hinzugeben. Während drei Semester nahm
ich teil an den Vorlesungen der Herren Professoren Birlinger,
Bischoff, Delius, Förster, Maurenbrecher, Meyer,
Neuhäuser, von Richthofen, Ritter, Schäfer,
Wilmanns. Zur Fortsetzung meiner Studien begab ich mich
Herbst 1880 nach der Königlichen Akademie zu Münster und
besuchte hier während drei Semester die Vorlesungen der
Herren Professoren Hagemann, Körting, Lindner,
Spicker, Storck.

Allen meinen Lehrern, namentlich aber den Herren Professoren Körting und Storck, statte ich hiermit meinen
verbindlichsten Dank ab.